PHILIPPE BOUVARD

Un oursin dans le caviar

STOCK

UN OURSIN DANS LE CAVIAR

Né le 6 décembre 1929 à Coulommiers (Seine-et-Marne). Etudes aux lycées Condorcet et Rollin. Ecole supérieure de journalisme. Directeur de la page parisienne du Figaro *depuis 1962 et directeur des services parisiens de ce quotidien depuis 1971. Producteur-présentateur de l'émission* Samedi-Soir *depuis 1967. Animateur à Radio Luxembourg de l'émission* Non-Stop *depuis 1968. Rédacteur en chef à* France-Soir *depuis le 1er avril 1973.*
Ouvrages publiés : Les Passions du Dimanche ; Carnets mondains *(Table Ronde), Grand Prix de l'Humour 1962 ;* Madame n'est pas servie *(Pensée Moderne) ;* Ultra-Guide de Deauville ; Paris la Nuit ; Petit Précis de sociologie parisienne *(Grasset) ;* Lettre ouverte aux marchands du Temple *(Albin Michel) ;* Comment devenir animateur de radio sans se fatiguer *(Pensée Moderne).*
Prix : Chronique Parisienne 1959 ; Tallemand des Réaux 1967 ; Grand Prix de l'Humour 1962 ; Triomphe de la Radio 1969, 1970, 1971 ; Prix Scarron 1973.
Membre du Rotary Club de Paris.

Un oursin ? Parce qu'il a la réputation de piquer. Dans le caviar ? Parce qu'il n'est — ou presque — aucune célébrité de France ou de l'étranger — du spectacle ou de la politique — qui n'ait été égratignée par ses piquants.
A la radio, à la télé, dans les journaux, Philippe Bouvard a depuis vingt ans exercé sa curiosité professionnelle — aiguë, caustique, certains disent méchante — sur tous les grands de ce monde, sur ceux aussi qui ne le sont pas mais qui le croient et qu'il prend un malin plaisir à ramener à des visions d'eux-mêmes plus modestes.
Aujourd'hui, il fait un premier bilan de ses rencontres. Sa galerie de portraits va de Michel Simon au président Coty, de Belmondo à Georges Pompidou, d'Alain Delon à Coco Chanel, de Pierre Lazareff à Mireille Mathieu... Sans oublier Philippe Bouvard lui-même : histoire pleine d'enseignement de ce petit garçon qui, à sept ans, découvre chez son oncle la fascination de l'imprimerie, de ce cancre assuré qui ne réussit pas à passer son bachot et qui, après avoir été vendeur à la sauvette et trieur de casquettes, entre au *Figaro* comme garçon de courses. Talent et chance — n'est-ce pas souvent la même chose — lui permettent aujourd'hui de les faire faire aux autres.
Témoin parmi les hommes — comme aurait dit Joseph Kessel — et aussi parmi les femmes, les homosexuels et d'autres catégories plus indéfinissables, le journaliste Philippe Bouvard s'est toujours refusé à être complice de sa clientèle.
L'auteur d'*Un Oursin dans le caviar* — livre plein d'humour, d'agressivité, de scepticisme, mais aussi parfois de gentillesse — reste fidèle à cette morale.

DU MÊME AUTEUR

LES PASSIONS DU DIMANCHE.

CARNETS MONDAINS, Table Ronde, *Grand Prix de l'Académie de l'Humour 1962.*

MADAME N'EST PAS SERVIE, Pensée moderne.

ULTRA-GUIDE DE DEAUVILLE.

PARIS LA NUIT.

PETIT PRÉCIS DE SOCIOLOGIE PARISIENNE, Grasset.

LETTRE OUVERTE AUX MARCHANDS DU TEMPLE, Albin Michel.

COMMENT DEVENIR ANIMATEUR DE RADIO SANS SE FATIGUER, Pensée moderne.

à Pierre Brisson
qui m'a fait entrer dans le journalisme

à Pierre Lazareff
qui m'a convaincu d'y rester

Un homme plein de lui-même fait un joli petit paquet.

THACKERAY.

L'oursin, c'est moi avec mes piquants et une certaine inadaptation foncière au milieu ambiant ; le caviar, c'est mon pain quotidien supposé. En fait, je n'en mange pas chaque jour, ni chaque semaine, ni même chaque mois, mais ce n'est pas un des moindres avantages des œufs d'esturgeon que de pouvoir revenir toutes les heures dans la conversation sans alourdir l'estomac de ceux qui en parlent.

Lorsque le caviar cesse d'être une nourriture pour devenir un symbole, on n'a plus besoin d'un réfrigérateur pour le conserver.

Ph. B.

I

J'AI quelques souvenirs, je n'ai pas de mémoire. D'où la nécessité de coucher très tôt sur le papier ce modeste témoignage. J'ai assez brocardé les chanteurs à la mode qui publiaient leur autobiographie le jour de leur majorité pour ne pas me méfier de cette tendance au nombrilisme littéraire. Je n'y cède que contraint et forcé et dans la mesure où je pourrai parler de tous les nombrils que j'ai connus.

Il se trouve que j'exerce depuis vingt ans une profession où l'on ne peut pas tout dire ni tout écrire, faute de place, faute de courage, faute de recul. C'est la première fois qu'on me commande un article de trois cents feuillets et qu'on me laisse six mois pour le rédiger. Jusqu'à présent, j'avais toujours connu la hâte du quotidien ou la précipitation de l'hebdomadaire. Je n'avais que le temps de dépouiller mes maigres notes et — les bons jours — de terminer par une pirouette plus ou moins réussie. Condamné par la grâce d'une spécialisation badine à ne jamais aller au fond du sujet, j'ai pu ainsi conserver plus longtemps que mes confrères mes illusions, mon innocence et ma fraîcheur d'âme. Ce n'est qu'en réfléchissant, que je me suis avisé de la chance qui avait été la mienne : approcher durant vingt ans tous les personnages célèbres ou connus, se mêler à tous les événements de quelque importance, sans y être autorisé par la naissance, la fortune, l'intelligence ou le physique et en ne possédant pour tout alibi qu'une curiosité professionnelle renouvelée chaque matin. Voilà qui peut aider à oublier les inconvénients, les humiliations et les servitudes d'une profession qui, en France, est encore — si l'on ne collabore pas au *Journal officiel* — souvent marginale et parfois hors la loi.

Si j'avais phosphoré autant que j'ai écrit, je serais un des grands penseurs de ce siècle. Mes « œuvres complètes » (entendez par là le recueil d'articles pour la rédaction desquels la nécessité tint quatre-vingt-dix-neuf fois sur cent lieu d'inspiration) remplissent déjà deux grands rayons de bibliothèque. J'ai beaucoup écrit, mais je n'ai pas beaucoup pensé. Je n'avais pas le temps. L'encre passait avant la matière grise. Lorsque, par hasard, je voulais réfléchir un peu, revenir sur une idée, tenter d'approfondir un personnage, mon article était paru depuis longtemps. Et puis, dans le journalisme quotidien, un clown chasse l'autre. Le renouvellement est tel qu'il faut faire le vide chaque soir, afin de se réveiller professionnellement vierge et disponible chaque matin. C'est le paradoxe cruel des descendants de Théophraste Renaudot : on leur offre toute la culture du monde, à condition qu'ils l'oublient presque aussitôt. Encore n'est-ce que le meilleur des cas puisque, dans les autres, le journalisme moderne — de plus en plus complexe — consiste précisément à expliquer aux autres ce qu'on ne comprendra jamais soi-même.

Pendant vingt ans, j'ai été — comme dirait mon grand ancien, Joseph Kessel — témoin parmi les hommes et aussi parmi les femmes, les homosexuels et toutes sortes de catégories plus indéfinissables encore. Les tentations n'ont pas manqué. Cent fois on a essayé de faire de moi un faux témoin. Quatre-vingt-dix-neuf fois j'ai résisté. Je ne veux être ni dupe ni complice. Je n'ai aucune envie d' « épouser ma clientèle ». Si, de temps à autre, j'ai effectué des incursions dans des spécialités extra-journalistiques, c'est parce que les tarifs syndicaux ne permettent pas toujours de nourrir une petite famille et que je pouvais faire des heures supplémentaires, sans pour cela renoncer au stylo, mon instrument favori.

Que ce soit dans les bas-fonds des grandes capitales ou dans les palais royaux, j'ai toujours essayé de conserver mon indépendance et ma lucidité. Trop pris par l'idée fixe du « papier » à écrire, j'ai oublié d'avoir pour quelques contemporains remarquables l'admiration qu'ils méritaient. C'est une lacune parmi beaucoup d'autres que je voudrais combler aûjourd'hui. Le journaliste est — on l'ignore généralement — astreint aux mêmes critères d'inhumanité et d'insensibilité que le chirurgien : il taille dans le vif, les patients défilent, il n'a ni le temps de s'attendrir ni celui de s'attacher. Heureux revers de la médaille : la précipitation avec laquelle il opère le dispense également du mépris. N'ayant pas le loisir de sonder vraiment les reins et les cœurs, il peut ainsi fréquenter, pendant des années, des escrocs et des minables (à condition d'en changer chaque jour) tout en continuant à conserver à ses contemporains le préjugé favorable.

Je réalise aussi aujourd'hui mes propres défauts et les imperfections de ma coupable industrie. En feuilletant ces milliers d'articles écrits pendant vingt ans, j'ai soudain fait le compte des fausses nouvelles annoncées de bonne foi, des gloires mort-nées, des vedettes lancées à grand fracas un soir et dont personne ne devait plus entendre parler dès le lendemain. Rien n'est plus désolant que la lecture de certaines rubriques, quinze jours, six mois ou vingt ans après leur parution. L'actualité n'est plus là pour autoriser les outrances et justifier les partis pris. Rien de plus « démythificateur » qu'un journal, quel qu'il soit. A vouloir trop expliquer les êtres, on leur fait perdre leur mystère. A force de chercher l'homme, on ne retrouve plus Dieu. Parfois, ce sont trois lignes enterrées dans un bas de page qui vous obligent à de déchirantes révisions métaphysiques. Avouerai-je que j'ai perdu la foi le matin où j'ai lu ce titre dans une rubrique de faits divers : « Un train de pèlerins déraille. Cinq cents morts » ?

Avouerai-je aussi qu'après avoir côtoyé tant de destins exceptionnels, je trouve parfois le mien un peu maigrelet ? Sans doute parce que rien ne se passe dans la vie comme au cinéma. Lorsque, par exemple, un taxi me dépose quelque part, cela ne fait jamais un compte rond. Même en donnant un bon pourboire j'attends toujours ma monnaie, alors que dans le plus sordide film de série B le héros tend un billet, claque la portière et s'éloigne rapidement. Je ne crois pourtant pas être plus pingre qu'un autre, mais rien ne se déroule jamais comme je l'avais rêvé. Lorsqu'il m'arrive de rester au bureau jusqu'à minuit, c'est avec l'arrière-pensée que, comme dans certain chef-d'œuvre de Frank Capra, le patron, attiré par la lumière, poussera un beau soir la porte et viendra vers moi les deux mains tendues :

« Chapeau ! Vous êtes encore en train de travailler à cette heure ? »

Or, il n'y a guère que le vigile de service qui se soit parfois intéressé à mes activités nocturnes, et invariablement pour me recommander d'éteindre la lumière lorsque j'en aurais fini.

Lorsque M. Georges Pompidou a été élu président de la République, j'ai attendu vainement pendant deux mois qu'il dise à son directeur de cabinet :

« Je ne donnerai qu'une seule interview, mais je veux que ce soit lui... »

Ce qui me console, c'est qu'il n'a rien accordé aux autres non plus.

Bref, je souffre depuis vingt ans de n'être pas pris au sérieux. Le seul jour de ma vie où j'ai mis un frac pour un dîner officiel, on m'a dirigé vers la cuisine en pensant que j'étais un extra. Les rares autographes qu'on me demande ne sont jamais posément recueillis sur de somptueux livres d'or. Je dois les griffonner au dos de paquets de Gitanes, ou sur des tickets de métro. Les dames qui m'écrivent à la radio ne me font jamais de déclaration (pourtant, elles ignorent par définition ma figure !). J'ai eu cependant une « fan », une vraie. Elle connaissait tout de moi. Elle avait meublé les pages quadrillées de cinq grands cahiers d'écolier, à l'aide de tout ce qui était paru depuis 1953 sur mon compte. Un jour, elle est venue me voir (accompagnée de sa mère, bien qu'elle fût elle-même âgée d'une quarantaine d'années). Elle n'était pas belle. Des tics ravageaient son visage. Elle louchait un peu. Son strabisme m'émut, car il renforçait son mérite d'avoir gardé l'œil uniquement sur moi. Je passai sur tout : c'était ma « fan ». Nous bavardâmes pendant plus d'une heure. En partant, sa mère me dit à l'oreille :

« Elle est un peu folle. Nous la soignons depuis des années... »

Alors, comme tous les insatisfaits, je rêve. J'essaie d'avoir une vie intérieure qui m'escamotera les tracasseries de l'existence quotidienne. Dès que j'ai un moment, au bureau, chez moi, en voiture, je ferme les yeux et je rêve. Je rêve que le téléphone ne cesse de grésiller. C'est Luis Buñuel qui m'appelle :

« Je vous ai vu hier soir à la télévision, dans le reportage sur le cocktail chez Gallimard. Vous n'apparaissiez que dix secondes au troisième plan, mais votre regard émouvant, posé sur un canapé au saumon, que vous ne pouviez atteindre, m'a bouleversé. Vous êtes l'homme que je cherche pour mon prochain film. »

Je rêve aussi que le directeur d'un grand théâtre parisien me réveille à l'aube :

« En pénétrant par effraction chez vous, j'ai pu lire le premier acte de votre pièce. Laissez-moi vous dire que Feydeau n'est qu'un pâle rigolo à côté de vous. »

Cela ne coûte rien de rêver. Le rêve est le L.S.D. des petits-bourgeois, la drogue qui permet de tenir le coup, d'arriver à la fin de la course en oubliant qu'on a de trop petits mollets et que tout le monde vous a grillé au poteau.

Et puis, je rêve des ténors. De tous ceux qui ont décroché la timbale. Les voir, les entendre, me redonne confiance. Un rien me remonte le moral : un play-boy un peu plus petit que moi ; un académicien qui fait une faute de français ; un humoriste qui n'a aucun esprit.

Ce ne sont pas les génies qui m'ont donné confiance en moi, mais les autres. Tous ceux qui se sont hissés sur un sommet, non pas avec les crampons et la corde en rappel, mais à la force des ongles.

J'ai rêvé enfin, pendant des années, qu'un éditeur plus avisé que les autres, me commandait mes mémoires. Or, un beau jour, cela s'est réalisé. Encore un rêve auquel il me faut renoncer...

II

Je plains encore plus les gens qui n'ont pas de vocation que ceux qui n'ont pas connu l'amour. Sans doute parce qu'on change plus difficilement de métier que de femme.

Je devrais m'estimer comblé puisque je n'ai jamais eu qu'une seule vocation et que je l'ai éprouvée pour la première fois quelques mois avant d'atteindre l'âge de raison.

Tout a commencé dans les ateliers poussiéreux d'un grand-oncle maître imprimeur, rue d'Hauteville. C'est là que j'ai découvert la magie de la chose imprimée. Peut-être à l'époque admirais-je davantage les ouvriers typographes, chargés de concrétiser et de vulgariser l'expression d'une pensée, que les penseurs eux-mêmes. Peut-être aussi m'étais-je déjà rendu compte inconsciemment que, n'étant pas assez adroit pour faire un « manuel », je serais par la force des choses condamné à devenir, sinon un intellectuel (terme que j'abhorre et que je ne consens jamais à m'appliquer), au moins un « travailleur cérébral ».

Le jour de mes sept ans, le grand-oncle me fit un cadeau somptueux : il imprima mon premier journal à dix exemplaires, sur un papier rose, de format, je dois l'avouer, assez réduit. Presque toute la première page se trouvait occupée par le titre — *L'Epatant* — que j'avais sans scrupule emprunté à une publication existante. Mon nom, suivi d'une mention qui en disait déjà long sur mes ambitions et ma vanité (« Président fondateur »), précédait une dizaine de lignes au bas desquelles on invitait déjà courtoisement le lecteur à tourner le feuillet. La matière première totale ne devait guère excéder une page dactylographiée. C'est mon premier journal. Il n'a eu qu'une demi-douzaine de lecteurs triés sur le volet familial, mais aucune publication ne m'a donné plus de joie et plus de satisfaction.

Jusqu'à quatorze ans, je me suis ensuite contenté d'apprendre tant bien que mal le maniement de ma langue maternelle. Tantôt j'étais le dernier de la classe, parce que j'avais affaire à un professeur traditionaliste, hostile aux fantaisies, tantôt j'étais le premier, voire le représentant de l'établissement au concours général, parce que je remettais sur le plus mince sujet des devoirs de soixante feuillets composés en alexandrins.

Au lycée ex-Rollin, les grands élèves rédigeaient et faisaient fabriquer un périodique intitulé *Decour-Eclair*. Ils subodorèrent rapidement ma vocation journalistique et me chargèrent de disperser chaque mois une centaine d'exemplaires à travers le cercle de mes amis et connaissances. Premières griseries de la presse. Randolph Hearst et Lord Beaverbrook n'étaient pas mes cousins. Vendre un journal et faire partie d'une équipe (elle était à l'époque dirigée de main de maître par un nommé Lévy qui raflait tous les premiers prix et devait entrer en bon rang à Polytechnique) me ravissait. Il fallut rapidement déchanter, lorsque vint l'instant des premiers comptes. J'avais mélangé les produits de mes ventes avec ma maigre cassette personnelle.

Il y avait un gros trou. Un soir, alors que j'étais déjà couché, le nommé Lévy se présenta à la maison. Il réclamait son dû. Mes parents sauvèrent l'honneur. Je ne me mêlai jamais plus de commerce. Et de ce jour date ma méfiance pour les gestions de presse.

De toute façon, séjournant rarement plus de six mois dans un lycée, je n'avais guère le loisir de m'insinuer dans les feuilles locales. Pour tromper ma faim, je me mis à lire systématiquement les petites annonces de certains magazines littéraires. J'y découvris un placard où le directeur d'une revue totalement inconnue offrait leur première chance à de jeunes poètes débutants. J'écrivis. Le directeur me convoqua. Dans « le civil », si je puis dire, il exerçait la noble profession de fourreur pour dames, rue de Paradis. Mais, entre deux astrakans, il surfilait l'octosyllabe. Pour la première de ses activités, il avouait un patronyme à consonance arménienne. Pour la seconde, il s'était choisi un pseudonyme résolument hexagonal précédé d'une particule. Il m'invita à faire de même. Je venais de lire Balzac. J'optai très simplement pour « Honoré de Chevreuse ». Après quoi, le poète-fourreur me déclara qu'il avait apprécié mes écrits et qu'il allait publier une de mes odes. Il y mettait cependant une condition : je devais m'engager à écouler autour de moi une centaine d'exemplaires de sa revue. Il n'y avait cette fois aucun risque, puisque je devais lui remettre en même temps que mon poème une « avance » correspondant à la totalité de la somme, quitte ensuite à essayer de récupérer en faisant le porte à porte. Toutes mes économies y passèrent, mais je fus ravi de me voir imprimé (on avait de surcroît publié ma photographie à côté du titre !) Ce n'est que dix ans plus tard que j'ai réalisé avoir été la très innocente victime d'un « éditeur à compte d'auteur ».

Ma passion pour les journaux et pour les journalistes s'aggravait. Je dévorais des tonnes de papiers à peine secs. J'avais pour idoles de minables plumitifs de province qui offraient le double avantage d'être des professionnels (au sens défini par le législateur qui s'embarrasse peu de talent) et de paraître s'intéresser à mes tentatives d'amateur.

Le problème de ma carrière se posait avec de plus en plus d'acuité. Ma mère aurait souhaité que je sois, comme elle, dans l'optique ; mon père me voyait dans le commerce de détail. Chaque fois que je leur parlais de ma vocation journalistique, ils haussaient les épaules. « Avant d'écrire dans les journaux, il faut d'abord passer son bachot ! » Or, je n'ai jamais pu l'obtenir. Cette absence de parchemin universitaire leur interdit définitivement de me prendre au sérieux. Encore aujourd'hui, ils considèrent que je ne suis dans la presse qu'en subsistance très provisoire et que, le jour où l'on s'apercevra que je n'ai pas de diplômes, je perdrai mes différentes situations. Il faut dire aussi qu'en 1948 les bourgeois ne comprenaient pas grand-chose à la presse. Peu d'entre eux avaient entendu dire qu'elle constituait un quatrième pouvoir. Aucun ne l'envisageait comme une carrière sérieuse pour ses enfants. C'était — et c'est encore trop souvent — l'ultime exutoire des jeunes gens qui ont raté tout le reste. A cet égard, on peut dire que j'étais un candidat idéal.

A l'usure, j'obtins d'entrer au Centre de formation des journalistes. Faute du sempiternel baccalauréat, je dus passer un examen probatoire où l'on tint plus compte de ma vocation que de mes connaissances générales. Ce Centre, qui avait été créé tout de suite après la guerre par une ordonnance du général de Gaulle, était dirigé par des professionnels compétents, dévoués et austères. Ils nous apprenaient les rudiments d'une profession comme on enseigne une religion. Au bout de huit jours de cours, on me priait déjà de rédiger une chronique de politique étrangère. C'était grisant.

Le C.F.J. n'avait pas encore de locaux spécifiques. Tous les trois mois, il fallait plier bagage. Je connus ainsi une salle de la rue du Boccador, une autre située au Champ-de-Mars, près de la rue Joseph-Bouvard (j'y voyais un signe du destin), et une classe maternelle rue Rambuteau d'où l'on ressortait ankylosés et meurtris, après s'être extirpés de tables trop basses pour nos longues jambes. Avouerai-je que je ne fus pas là non plus un très brillant sujet ? Certaines disciplines m'inspiraient. D'autres, ajoutées artificiellement, comme le droit romain ou les langues étrangères, me rebutaient.

Comme j'avais besoin d'argent de poche, je faisais assez régulièrement, contre espèces, leurs devoirs à certains condisciples encore moins doués, mais plus riches que moi. Plusieurs phrases s'étant retrouvées fâcheusement à travers une dizaine de copies différentes, le pot aux roses fut découvert. Au lieu d'en tirer des conclusions rassurantes sur la souplesse de mon stylo et ma puissance de travail, le directeur me fit tenir un premier avertissement. Le second devait arriver rapidement. J'avais alors, outre la passion du journalisme, celle des blagues. Et des blagues de mauvais goût de préférence.

Dans nos rangs, figurait une personne opulente, apparentée à un historien célèbre, membre de l'Académie française. Sérieuse et ponctuelle, douée d'un physique qui inspirait plus le respect que le désir, cette demoiselle constituait un reproche vivant pour le trublion permanent que j'étais. Un soir, avec la complicité de mon ami Jacques Ghisloli (aujourd'hui mon complice à *France-Soir*), nous fermâmes le compteur d'électricité pendant un cours. J'en profitai pour plonger sous la table et ramener prestement un énorme soutien-gorge que j'y avais dissimulé au préalable. Puis, la lumière étant revenue, je le tendis avec un sourire à la jeune matrone en lui demandant si elle n'avait pas perdu quelque chose. Deuxième avertissement.

Quelques années plus tard, je devais collaborer à un magazine dont la jeune femme au soutien-gorge était devenue la rédactrice en chef. Elle eut la bonté (ou la myopie) de ne pas me reconnaître.

Je poursuivais mes études, mais en ayant de plus en plus de mal à les rattraper. Tout cela était trop sérieux, trop rigide, trop scolaire. J'avais souhaité devenir journaliste pour avoir le droit de m'exprimer librement, de faire œuvre créatrice, et je ne trouvais au C.F.J. qu'un triste prolongement de l'université. Tant et si mal que, moins d'un an après mon entrée au Centre, mes parents reçurent une lettre recommandée les avisant de ma mise à la porte définitive. Mon professeur avait ajouté de sa main cette note qu'il voulait peut-être rassurante : « N'est pas doué pour le journalisme, mais réussira dans les carrières commerciales. »

Vous imaginez le triomphe de mes parents. J'étais un bon à rien ! J'avais perdu un an de ma vie ! Je devais rentrer dans le rang et travailler ! Bref, il me fallait renoncer à une passion aussi peu partagée.

Dieu merci, l'armée qui sollicitait maintenant ma présence, allait se charger de me remettre dans le droit chemin. Devançant légèrement l'appel, j'avais obtenu de choisir mon arme et le lieu de mon affectation. Le train des équipages (pour apprendre à conduire) et la zone d'occupation (pour perfectionner mon allemand).

Le jour de l'incorporation, on me demanda ma profession. Ce fut plus fort que moi : sans réfléchir, sans mesurer la portée de ma déclaration, je répondis que j'étais journaliste.

Dès le départ, je fus donc catalogué ainsi. Preuve que les militaires, en étant moins méfiants que les civils, ont parfois aussi plus de flair. Après avoir fait des « classes » difficiles, je réalisai que les seize mois restants seraient pour moi un véritable calvaire si je ne me dénichais pas une spécialité extra-militaire. Mon peu d'aptitude au service armé avait dissuadé mes supérieurs de me faire suivre l'Ecole des sous-officiers, comme mon échec au bachot (toujours lui !) m'avait fermé l'Ecole des officiers de réserve. J'attrapai le taureau par les cornes en troussant en deux jours un projet de deux feuillets dactylographiés que j'adressai — via la voie hiérarchique — au général commandant les troupes d'occupation. Je ne lui proposais rien de moins que la création d'un journal devant servir de lien entre les soldats, leurs supérieurs et leurs familles. Le programme était vague, vaste et séduisant. Il fut accepté quelques semaines plus tard. En l'espace de vingt-quatre heures, ma vie changea. J'échappai à la triste chambrée où je servais d'écrivain public à des camarades analphabètes et me retrouvai en ville dans un petit appartement. On m'affecta un bureau et une jeep. Très vite je pris l'habitude de me mettre en civil le soir. Je fus dispensé de toutes les servitudes et corvées. Le premier numéro du *Kléber-Digest* — c'était la raison sociale choisie en hommage au général révolutionnaire qui avait servi de parrain à notre caserne — parut bientôt. Sous différents pseudonymes, j'avais tout écrit à l'exception d'un éditorial que le colonel s'était réservé. Les ventes furent bonnes, car les officiers et sous-officiers s'étaient chargés de la prospection. Par la suite, pour trouver de nouveaux lecteurs, on imagina le stratagème suivant : chaque fois que de nouvelles recrues arrivaient, on m'installait dans un petit bureau à côté de l'infirmerie. A peine la visite d'incorporation était-elle terminée que le conscrit se présentait devant moi, toujours dans le plus simple appareil, grelottant de froid et de peur. Ce n'était alors pour moi qu'un jeu d'enfant de placer un abonnement d'un an ou de dix-huit mois. Le déchet ne dépassa jamais un pour cent de mes visiteurs ! Même ceux qui avouaient ne pas savoir lire crachaient au bassinet comme les autres. Emporté par mon zèle, je me mis à écrire une longue suite d'articles intitulés « Comprendre l'armée ». J'en ai un peu honte aujourd'hui. Le succès fut considérable, à telle enseigne que, par décision exceptionnelle du général, je fus promu — moi qui n'avais suivi aucun cours — un mois avant mes camarades désignés pour être officiers et sous-officiers.

Pour m'aider — je ne suffisais plus à la tâche, car la pagination s'était étendue —, je demandai (et obtins) qu'un de mes plus vieux amis, qui devait lui aussi faire son service, fut affecté au *Kléber-Digest*. Je garde un souvenir ému et nostalgique de ces mois passés dans l'enthousiasme, sans aucun souci. A vingt ans, je réalisais mon rêve : j'étais rédacteur en chef d'un journal qui tirait à plusieurs milliers d'exemplaires et qui n'avait aucun problème de lecteurs ou d'argent.

Le retour à la vie civile fut lugubre. J'étais certes un peu plus journaliste qu'avant, mais il fallait le faire savoir à des gens qui ne portaient pas d'uniforme et qui n'avaient nul besoin de moi.

Je proposai mes services à toutes sortes de publications qui les refusèrent. Le *Kléber-Digest*, que je traînais avec moi en guise de pièce justificative, n'était guère convaincant. Il ressemblait tout au plus à un journal d'entreprise ou à un prospectus de propagande.

En désespoir de cause, j'acceptai quelques situations provisoires et variées. Je fus vendeur à la sauvette sur des marchés, trieur de casquettes chez un oncle par alliance et vendeur de lunettes chez Les Frères Lissac. Ces contacts avec une médiocrité satisfaite, ces activités sans gloire et sans intérêt confortèrent ma vocation. Plus on me mettait à la porte et plus je réalisais que je ne trouverais enfin mon salut que dans les journaux. Encore fallait-il avoir des relations dans ces milieux-là. Ma mère se souvint opportunément qu'elle avait été amie d'enfance de Pierre Lazareff. Il me reçut un jour fort gentiment, m'expliqua que la presse était très encombrée et que je méritais sûrement mieux qu'un poste obscur de rédacteur stagiaire. (Il devait par la suite, et bien que je n'aie jamais travaillé directement avec lui, devenir un ami très cher, très fidèle et me conseiller à chaque tournant de ma carrière).

Sur le trottoir de la rue Réaumur, je réalisai que je venais de brûler ma dernière cartouche. J'étais désespéré. Je songeai même (moi qui n'avais jamais pu tirer correctement un coup de fusil !) à m'engager pour l'Indochine. Je fis part de cette funeste détermination à Pierre Gabaye. Gabaye, musicien d'élite et futur Grand Prix de Rome, était un ami d'enfance qui avait composé la partition d'une petite comédie musicale dont j'avais écrit le livret, et qu'on avait joué une fois dans l'indifférence générale à Saint-Germain-en-Laye. Emu par ma détresse et connaissant mon idée fixe, il parla de moi à son père, administrateur général du *Figaro*. Huit jours plus tard, j'étais dans son bureau. M. Gabaye, qui connaissait mon passé orageux, consentait à me donner une chance, mais elle était toute petite. Vu mes brillants états de service, il n'était pas question qu'on m'engage comme journaliste au *Figaro*. Je devais me contenter d'un poste de garçon de course au service photographique. Mais on m'assura qu'il n'y avait pas de cloison étanche et que, si j'étais vraiment capable d'écrire, je finirais un jour par me retrouver dans la salle de rédaction.

On avait raison de me le dire et j'eus raison de le croire. Un grand journal est aujourd'hui constitué — fût-il considéré à l'extérieur comme un temple du conservatisme — d'une infinité de petits vases communicants. Les véritables vocations sont si rares et les talents si parcimonieusement distribués qu'on est toujours à l'affût d'un candidat valable. Bien des postes clefs de la presse moderne sont aujourd'hui occupés par d'éminents professionnels dont on ne se souvient plus — eux-mêmes l'ont parfois oublié — qu'ils commencèrent leur carrière en étant vendeurs à la criée, cyclistes ou garçons de bureau. Moi, je n'étais que garçon de course. Le poste le plus subalterne qui se puisse trouver.

Mes tâches étaient banales, mais variées : je devais balayer les locaux du service photographique situé sous les combles du journal, préparer dans une immense bassine et à l'aide de produits particulièrement nauséabonds le « bain » au sein duquel on plongeait ensuite les films des reporters. Aujourd'hui, cet affreux mélange a disparu ; les laboratoires le vendent tout fait. Autre mission plus officieuse : il me fallait approvisionner les photographes du service en alcools et spiritueux. On buvait ferme, à l'époque. Tout était prétexte à « tournées ». Rien d'important ne pouvait se dire avant le sixième apéritif et je n'arrêtais pas d'aller quérir chez l'épicier voisin de nouvelles bouteilles que je remontais en les dissimulant sous les pans d'un ample imperméable que l'on m'avait acheté pour la circonstance.

Je suis entré au *Figaro* le 1er février 1952 à dix heures du matin. A dix heures cinq, un vieux confrère fort courtois venait me demander si je ne pouvais pas lui prêter pour vingt-quatre heures une somme assez importante. A dix heures dix, je lui avais remis toutes mes économies. A dix heures et quart, le chef de service me faisait quelques recommandations, et entre autres celle de ne jamais prêter d'argent à un certain confrère. Il était déjà trop tard. En un quart d'heure j'avais perdu ma naïveté et appris la méfiance. Une leçon qu'on n'oublie plus et qui n'a pas de prix.

La semaine suivante, George VI, le roi d'Angleterre, mourut. Le lendemain, un quotidien parisien du matin publia en première page une photo du roi sur son lit de mort. Pierre Brisson exprima sa colère et son désappointement : comment se faisait-il qu'un tel document n'eût pas plutôt échoué au Rond-Point ? Nous fîmes une enquête au terme de laquelle la triste vérité apparut : aucun photographe n'avait été admis auprès du lit de mort, mais nos confrères, plus astucieux (et moins honnêtes) que nous, avaient été chercher une vieille photo du roi dans leurs archives. Ils lui avaient enlevé sa casquette et, à la retouche, l'avaient passé de la position verticale à l'horizontale en lui fermant les yeux d'un pieux coup de pinceau.

Comme les temps morts abondaient, j'en avais profité pour apprendre le maniement complexe d'un appareil que l'on venait d'installer à grands frais : le bélinographe. On entrait en contact avec un correspondant lointain doté d'un matériel émetteur et, après une série de réglages délicats, le document photographique s'inscrivait point après point, ligne après ligne dans un mystérieux cylindre. Au bout de vingt minutes, l'opération était terminée et il n'y avait plus qu'à demander au retoucheur de rattraper les imperfections.

Si j'insiste sur cet appareil, c'est qu'il se trouve à l'origine de ma carrière. Je n'avais pas appris son fonctionnement sans arrière-pensée. Je savais que lui seul permettait une transmission quasi instantanée de documents d'actualité très importants. Je n'ignorais pas, non plus, que le préposé normal n'était pas toujours là. Enfin, j'avais déjà réalisé que la première qualité d'un impétrant était la disponibilité. Je le dis encore aujourd'hui, chaque fois qu'on m'interroge sur la façon de réussir dans ce curieux métier : il faut être dans le couloir et attendre. Il arrivera toujours un moment où une porte s'ouvrira et où l'on entendra une voix furieuse clamer : « Alors, un tel n'est jamais là au moment où l'on a besoin de lui ! » A cette minute précise, il conviendra de se lever d'un air modeste et assuré à la fois : « Un tel n'est pas là, mais je suis prêt à le remplacer. » Cette tactique exige parfois des mois de patience, mais elle est toujours fructueuse, surtout au moment des grandes vacances, des fêtes de fin d'année, des week-ends et la nuit. Bref, à tous les instants où ceux qui sont déjà en place dorment, mangent et boivent sur leurs lauriers.

Il n'y avait pas trois mois que je patientais lorsque l'opportunité souhaitée survint. Il était minuit moins le quart. J'étais seul à ce sixième étage désert, lorsqu'une dépêche tomba sur le téléscripteur : un cinéma flambait à Marseille. On dénombrait déjà une trentaine de morts. En quelques secondes j'avais réalisé l'importance de l'information. Moins de trois minutes plus tard, j'appelais au *Provençal*, le grand quotidien marseillais, un ancien condisciple du Centre de formation des journalistes qui, lui, avait obtenu brillamment son diplôme et s'était vu immédiatement engagé comme chef des informations. Abrégeant les politesses de retrouvailles, je lui demandai s'il avait un équipier sur les lieux de la tragédie. J'avais touché juste. Son photographe venait de rentrer avec un premier rouleau. Sans en référer à personne, je pris sous mon bonnet de commander un bélinogramme. A Marseille, le rouleau se mit à tourner. A Paris, je déclenchai le dispositif, tremblant qu'une fausse manœuvre ne me permît pas de terminer l'opération dans les trente minutes qui me séparaient de l'heure fatidique du « bouclage ». Tout se passa bien et, à minuit vingt-neuf, j'apportais triomphalement au marbre la photo que je venais de recevoir et sous laquelle j'avais griffonné un titre et une légende explicative. Etonnés mais ravis, les secrétaires de rédaction ne chipotèrent point et mirent sans hésiter l'incendie phocéen à la « une ». Le lendemain matin, *Le Figaro* fut le seul quotidien parisien à paraître avec ce document.

Pierre Brisson demanda à qui l'on était redevable de cette exclusivité. On le lui expliqua. Il souhaita me voir et me retint quelques minutes dans son grand bureau ovale. A partir de ce jour, je balayai moins.

La seconde chance fut moins spectaculaire, mais encore plus décisive. Dans mes attributions, figurait celle de descendre au secrétariat de rédaction les photographies que l'on avait sélectionnées pour figurer dans le journal. Or, très vite, je remarquai combien les journalistes chargés de la mise en pages était peu enthousiastes lorsqu'il s'agissait de rédiger des légendes. Je proposai timidement de leur donner un coup de main. On fit un geste indifférent que je pris pour un acquiescement. Un mois plus tard, j'écrivais d'une plume déjà plus assurée les trois quarts des textes que l'on plaçait sous les photos.

Un jour, un de ces textes s'allongea au point de former un article complet sous lequel on eut la gentillesse de poser ma signature. C'était — il m'en souviendra toujours — le pire des « marronniers » : les vendanges à Montmartre. Le sujet était mince et le raisin peu abondant. J'y mis tout mon cœur cependant. Comme l'actualité était faible ce jour-là, mon article fut annoncé dès la première page. Pendant les jours qui suivirent j'éprouvai un vertige permanent. Je m'étais procuré une demi-douzaine d'exemplaires où l'annonce de mon papier et le papier lui-même figuraient et je m'étais arrangé pour les avoir sous les yeux en tout lieu où je me trouvais : au *Figaro* bien sûr, mais aussi chez moi, dans le métro et dans le train. Il ne se passait pas de quart d'heure sans que je relise ma prose. J'étais un autre homme. J'étais devenu un journaliste.

Comme tout le monde ne s'était pas aperçu de cette transformation, je continuai pendant quelques semaines encore à jouer les tâcherons au sixième étage. Et puis, un beau matin — il y avait onze mois jour pour jour que j'étais dans la maison —, j'échangeai mon balai contre un porte-plume et je passai comme rédacteur stagiaire aux informations générales.

Il n'y avait à l'époque ni société de rédacteurs ni sécurité de l'emploi. Quatre-vingt-quinze pour cent des effectifs ignoraient la clause de conscience et tout le monde travaillait dur pour justifier ses appointements. Jean Jaque régnait alors sur les informations du *Figaro.* C'est à lui que je dois non seulement de connaître un peu ce métier, mais surtout de l'avoir — contrairement à tant d'autres — profondément pris au sérieux.

J'arrivais à neuf heures du matin (à neuf heures une minute j'aurais eu droit à un avertissement). Pendant trois heures, je faisais la « cuisine », remaniant des dépêches sans lever le nez de mon bureau. Vers midi, je pointais vers le plafond un doigt timide et sollicitais l'autorisation de m'absenter un moment pour aller aux toilettes. Parfois, lorsque ma tâche n'était pas assez avancée, la permission m'était refusée. C'est un détail, mais qui doit paraître médiéval aux jeunes stagiaires d'aujourd'hui qui entrent dans la presse comme en pays conquis, parfaitement renseignés sur les indemnités de licenciement et la durée des vacances, familiers avec les conventions collectives et qui n'apprendront que beaucoup plus tard à trousser un papier.

Mon histoire personnelle s'arrête donc le 1er janvier 1953. En devenant un témoin à part entière de mon époque, je m'engageais implicitement à raconter les histoires des autres. Les voici...

III

Je ne délivre pas de message. La politique me dégoûte depuis que je connais un peu mieux ceux qui la font. Je ne suis pas un justicier. Je ne me sens pas d'une essence supérieure parce que j'écris dans les journaux, et j'ai toujours admiré que l'obscur rédacteur qui torche depuis vingt ans des accidents de la route en trois lignes puisse légalement avoir des états d'âme qui ne ressemblent pas à ceux des autres travailleurs.

Je ne prétends pas refaire le monde, mais seulement l'observer. Je ne jette l'anathème sur personne. Je suis un témoin : position inconfortable certes, mais qui présente l'avantage de m'interdire de prendre place parmi les juges et les justiciers, souvent plus informés, parfois plus lucides, rarement plus vertueux. Je me sens gagné par une humilité grandissante à la pensée que, dans la plus laborieuse des hypothèses, ma vocation est surtout d'aller regarder ceux qui travaillent sous le nez.

Voici vingt ans, aucun endroit au monde n'était plus drôle qu'une salle de rédaction. Toutes les fantaisies s'y donnaient libre cours, pour le plus grand bien du journal d'ailleurs, tant il est vrai que les rédacteurs dangereux ou tristes sont d'abord des gens qui n'ont pas de possibilités de défoulement.

J'ai donc appris la gaieté en même temps que le journalisme. En ce temps-là, on vous enseignait simultanément à rédiger un petit article, à présenter une note de frais et à monter un canular. Je suis rapidement devenu un maître dans les deux dernières disciplines.

Pendant longtemps, les jeunes recrues du *Figaro* sont venues me voir afin que je leur enseigne la manière de trousser cette fameuse note hebdomadaire qui correspond en principe à des frais authentiques mais qui, en réalité, constitue un des principaux avantages du métier.

J'avais ainsi affiché à l'usage de mes camarades (je l'ai fait disparaître lorsque, plus tard, j'ai eu des collaborateurs et que j'ai dû à mon tour contresigner des notes de frais) un document type au fil duquel je démontrais que l'on pouvait tirer le maximum du minimum. Le prétexte paraissait mince : une soirée au théâtre de Poche. Le résultat était somptueux : cent mille francs de 1960 ! Je dois avouer qu'en ce cas précis l'imagination l'emportait sur l'honnêteté. Pour aboutir à ce total impressionnant, il fallait multiplier les démarches préliminaires. Rien que la location d'un smoking, par exemple, donnait lieu à la rétribution d'un taxi (pour aller téléphoner, car je n'étais pas censé pouvoir le faire de chez moi), à la dégustation de quelques verres sur le comptoir (on ne peut pas demander brusquement un jeton à la buraliste sans risquer de la traumatiser), au paiement de la communication elle-même, à un retour en taxi, à un autre taxi pour aller essayer le smoking, à un pourboire pour faire effectuer quelques retouches indispensables. Mais, me direz-vous, pourquoi être obligé de louer un smoking lorsque, professionnellement, on est appelé à l'endosser presque chaque soir ?

J'avais présenté avant vous cette objection à l'administrateur du journal, lorsqu'il s'était agi, moyennant cinquante mille anciens francs, de doter d'un semblable vêtement le photographe de mon service préposé aux mondanités. La réponse avait été courtoise, mais négative. L'administrateur m'avait expliqué qu'il n'entrait pas dans la vocation des journaux modernes, fussent-ils bourgeois et prospères, d'habiller leurs collaborateurs. Il consentait, en revanche, que ledit photographe comptât une location de smoking chaque fois que la nature du reportage le justifierait.

C'est ce qui se passe depuis un peu plus de douze ans. Comme le photographe en question est plus doué pour le calcul mental que l'administrateur, il a dès le départ fait emplette d'un deux pièces d'occasion qui, après marchandage, ne lui a pas coûté plus de vingt-cinq mille anciens francs. Deux ou trois fois par semaine, ce complet apparaît, sur les épaules du reporter d'abord, sur sa note de frais ensuite, moyennant une location fictive de huit mille francs la soirée.

Le jour où mon photographe ne s'en sert pas, il le loue moyennant quatre mille francs à des camarades du journal auxquels l'administrateur a refusé également cet avantage (?).

Bref, ce smoking parfaitement démodé aujourd'hui, plus luisant aux coudes qu'aux revers (ce qui n'est pas une qualité pour un vêtement de soirée), a déjà rapporté — et ce n'est pas fini ! — plus d'une douzaine de millions à son propriétaire. Je n'ai pas peur d'écrire qu'il s'agit là, sur le plan du textile, d'un des meilleurs investissements de l'après-guerre.

La note de frais n'est pas seulement importante parce qu'elle aide le journaliste qui la rédige à vivre et qu'elle vient compléter un salaire souvent insuffisant. Elle témoigne aussi des véritables facultés créatrices de l'individu et renseigne précieusement le chef de service sur la conscience professionnelle virtuelle de ses subordonnés. Je dis virtuelle, parce qu'il est bien établi de part et d'autre que certaines démarches ne figurent là qu'à titre d'alibi possible, sinon raisonnable.

Parmi les notes les plus démentes que j'aie eues à signer, je fais une place à part à celle que m'avait soumise un jour une jeune stagiaire. Je l'avais envoyée faire quelques lignes à propos du cinquième anniversaire de la mort de Paul Fort et elle m'avait compté cinquante mille anciens francs de fleurs, estimant qu'on ne pouvait pas se recueillir sur la tombe d'un aussi grand poète sans avoir préalablement déposé une couronne à la mesure de son talent.

Cette jeune personne, qui devait devenir l'une de mes meilleures collaboratrices, fut souvent le souffre-douleur de la rédaction. Elle avait fait toutes ses études au couvent, habitait le meilleur côté de l'avenue Foch et sa naïveté était incommensurable. Je pus ainsi lui expliquer le plus sérieusement du monde que je désirais avoir la photo du clocher de Bruges et que ce clocher, chef-d'œuvre entre les chefs-d'œuvre, se nommait en flamand un godemichet. Pendant trois semaines, elle a donc téléphoné aux ambassades, aux agences photographiques et aux confrères, se nommant, précisant sa qualité figaresque avant d'annoncer, de sa voix suave et légèrement sophistiquée, qu'elle était à la recherche de l'objet en question. Vous imaginez les crises de fou rire autour d'elle, tandis qu'elle multipliait ainsi ses démarches saugrenues.

Tout de suite après, je lui affirmai qu'un

M. Depasse, hôtelier de son état, donnait une conférence de presse particulièrement importante. Je ne connaissais pas exactement l'adresse, mais elle trouverait facilement : il suffisait de se rendre dans le quartier de La Chapelle et de demander l'*Hôtel Depasse*. Lorsqu'elle revint le soir, elle était furieuse. Non seulement elle n'avait pas trouvé le fameux établissement, mais encore tous les gens à qui elle s'était adressée lui avaient fait des propositions malhonnêtes !...

Une autre fois, elle trouva sur son bureau un petit papier qui la remplit d'aise, car elle avait appris au couvent l'espagnol et aimait bien le parler. Il s'agissait de rappeler, dans une ambassade sud-américaine, un attaché culturel qui répondait (ou plutôt qui devait répondre) au patronyme chantant d' « Alonso Lupanar y Fair Minett ». Là encore, nous eûmes droit à une excellente journée, car les intonations qu'elle mettait pour situer son correspondant avaient de quoi satisfaire les hispanisants les plus exigeants.

Rien de moins austère, donc, vous l'avez compris, que *Le Figaro*, surtout considéré sous l'angle de sa salle de rédaction. Imaginez une immense pièce meublée d'une trentaine de bureaux surchargés de « bifteck rose » (le papier de brouillon fourni par la maison) et de téléphones.

J'étais à peine installé là depuis une semaine que j'eus droit à mon premier canular. J'étais en train de « cuisiner » mes dépêches, lorsque je m'aperçus qu'inexplicablement des volutes de fumée commençaient à chatouiller mes narines. Je regardai autour de moi : rien que des nuques studieusement penchées et pas un fumeur à l'horizon. Je repris ma tâche. La fumée continuait. Après bien des recherches, j'aperçus un mince tuyau de papier qui faisait office de cheminée. A partir de l'orifice, il me fut facile de remonter la filière. Elle me conduisit plusieurs dizaines de mètres plus loin dans un petit bureau voisin, où trois rédacteurs chenus (dont un décoré et célèbre : Georges Ravon), à croupetons devant l'orifice émetteur, y insufflaient à qui mieux mieux la fumée de leurs cigares.

Je connus ensuite les innombrables blagues téléphoniques de rigueur. Tantôt c'était un faux lecteur qui me traînait dans la boue après un papier anodin, tantôt c'était un faux directeur qui me disait que je n'avais aucun talent et m'invitait à passer à la caisse.

Dès la fin de mon « bizutage », je me mis à mon tour à l'œuvre. Je composai notamment, avec un certain succès, de fausses chroniques de François Mauriac qu'un secrétaire de rédaction un peu distrait envoya à la composition sans soupçonner le pastiche et qu'il fallut rattraper au marbre *in extremis.*

Une nuit — c'était, il m'en souviendra toujours, le 1er avril 1957 —, j'appelai notre chroniqueur scientifique, l'excellent Pierre de Latil. Me faisant passer pour le chef des informations, j'expliquai à cet éminent spécialiste que les Américains venaient de débarquer sur la lune. La nouvelle n'était pas fausse. Elle était seulement prématurée et ne devait devenir exacte que onze années plus tard. Or, réveillé vers deux heures du matin et en dépit de cette date prédestinée, Pierre de Latil n'eut pas une seconde d'hésitation. Il se mit immédiatement au travail. Une demi-heure plus tard, il téléphonait aux sténos un article extrêmement circonstancié où il racontait comme s'il l'avait vu le premier « alunissage ».

Sur le moment, je colportai le papier à travers le journal et j'en fis des gorges chaudes. Maintenant, ma position est différente : je sais qu'un journaliste ne doit s'étonner de rien. Il doit en tout cas garder ses étonnements pour soi. Je n'ignore pas non plus que la première qualité de l'intervention est sa rapidité et qu'il faut pouvoir être capable d'expliquer un phénomène avant même de vérifier qu'il a vraiment eu lieu.

J'ai l'impression qu'aujourd'hui les jeunes espoirs de la presse sont beaucoup plus sérieux. Est-ce la faute des diplômes dont ils sont abondamment pourvus ? Ou la faute d'un monde plus cruel, plus dur ? Ou encore l'idée différente (et très louable) qu'ils se font de la profession ? En tout cas, ils ne s'amusent plus. Ils n'organisent plus à l'usage des nouveaux arrivants ces fausses visites médicales si réjouissantes : dans un bureau, sur la porte duquel nous avions hâtivement affiché une pancarte à croix rouge, nous étions deux ou trois à revêtir des blouses blanches et à coiffer des calots de chirurgien. Une vieille règle et un stéthoscope prêté par l'infirmière complétaient le matériel. Il suffisait alors de passer quelques coups de fils judicieux à quelques amis bien placés dans la maison et aussi facétieux que nous pour voir arriver une demi-douzaine de « clients ». Les faire ensuite se déshabiller devant nous et les soumettre à un interrogatoire parfaitement inepte n'était plus qu'un jeu d'enfant.

A travers toutes ces plaisanteries de plus ou moins mauvais goût, je retrouve deux constantes qui me paraissent être très révélatrices de la psychologie de la profession : il y a d'abord une furieuse envie de ne pas quitter l'enfance et ensuite — les deux sont étroitement liées — une tendance à jouer à vivre plutôt qu'à vivre vraiment.

Les journalistes sont souvent des comédiens ratés ou ignorés, susceptibles d'interpréter bien des rôles.

Leurs facultés d'adaptation, leur facilité à comprendre les problèmes et à profiter de certaines situations leur permettent de sauter aisément la barrière. Quand ils ne la sautent pas vraiment, ils adorent s'identifier — le temps d'un reportage — à des catégories socio-professionnelles très éloignées de la leur. Plus la situation est romanesque, plus ils ont l'impression d'avoir mérité de leur journal.

Je me souviens ainsi d'une année où Alain Ayache (aujourd'hui directeur d'un « magazine à sensation ») s'était fait enfermer dans un placard du salon du *Drouant* durant toute la délibération des académiciens Goncourt. Pendant soixante-cinq minutes, il avait enregistré sur magnétophone les propos de ces messieurs qui, pas une fois, n'avaient parlé du prix. S'il n'avait pas éprouvé le besoin d'allumer une cigarette, et ne s'était ainsi signalé à l'attention du jury par une fumée suspecte, jamais il n'aurait été découvert. Certes, il avait eu cette année-là les résultats avant tout le monde. Encore fallait-il quitter la cachette afin d'aller les téléphoner. Et l'on touche là une des grandes difficultés du journalisme : la communication au sens très prosaïque que les P.T.T. donnent à ce mot.

J'ai éprouvé vingt fois les affres du tâcheron qui, au beau milieu d'un spectacle passionnant, doit faire lever trente personnes afin d'aller donner sa copie. La situation est très désagréable. La plupart des gens que vous dérangez pensent à un caprice ou à une colique. Très peu s'avisent des impératifs de l'information. Et puis, il faut trouver une cabine téléphonique. A Paris, le soir, dans certains quartiers, cela relève de la performance. Quand on a déniché la cabine, encore faut-il qu'elle soit libre. Combien de fois ai-je fait le pied de grue en attendant qu'une conversation d'amoureux soit terminée ! Combien de fois ai-je dû improviser des articles plus ou moins longs, campé sur le zinc d'un bistrot, entouré de buveurs tonitruants et hilares ! C'est dur au début. Mais ensuite, la force de l'idée fixe est telle que l'on peut travailler partout, à n'importe quelle heure et dans n'importe quelles conditions.

J'ai connu aussi les câbles péniblement envoyés à dix mille kilomètres de Paris par des postiers noirs quasi illettrés. J'ai connu les longues attentes d'une ligne internationale et les communications parfaitement inaudibles. Le téléphone est en reportage le seul cordon ombilical qui relie le journaliste à sa rédaction. Il appelle les bureaux de son journal pour dicter son article, bien sûr, mais aussi pour recevoir des ordres et surtout des encouragements. Il est plein de l'importance de son sujet et généralement fier de l'effort qu'il a accompli. A Paris, on ne réalise pas exactement tout cela. Ou bien on fait la petite bouche, ou bien on lui annonce qu'on a coupé les trois quarts de l'article, faute de place, ou bien on lui demande d'apporter moins d'enthousiasme à sa tâche.

Une fois, c'était je crois à Téhéran, un camarade de *France-Dimanche* était arrivé par son forcing à réussir une enquête parfaitement exclusive, en dépit de la présence sur place d'une centaine de reporters internationaux. Le travail terminé (vingt feuillets noircis), il demande — en P.C.V. — Paris. Au bout de trois heures, on lui donne son numéro. Il entre dans la cabine et, au lieu d'y passer au moins cinquante minutes comme nous nous y attendions, il en ressort presque aussitôt, le visage décomposé.

« Ils n'ont rien voulu que je leur dicte. Ils m'ont dit que moi, j'étais influencé par tout ce que je voyais ici, que je ne serais pas objectif et qu'ils préféraient faire le papier à Paris !... »

Par un de ses postulats, cette étrange profession est semblable aux autres : on fait surtout travailler ceux qui ne connaissent pas encore très bien leur métier. Ce n'est qu'ensuite, plus tard, lorsqu'ils en sauront toutes les finesses, qu'ils auront le droit de se reposer un peu.

Ainsi, à mes débuts, « tartinais-je » souvent trois ou quatre articles différents en une seule journée. Le matin, je me consacrais aux faits divers (une dame tuée à coups de hache ou quelque autre babiole) ; l'après-midi, je sacrifiais au « marronnier », papier rituel et saisonnier comme la rentrée des classes, les prix Cognac, le Salon de l'auto ou le défilé du 14 Juillet ; le soir, j'assurais le compte rendu d'une générale. Et chaque fois dans la foulée, je veux dire sans avoir le temps de penser ni avant ni après, ni même pendant. Il faut vraiment qu'il y ait de solides grâces d'état pour que, dans ces conditions, je n'aie pas écrit plus de bêtises !...

Je ne peux même pas dire que j'aie eu parfois des remords : je n'en avais pas le temps. Et puis je possédais ce bel optimisme des écrivains qui ne se relisent jamais. Je ne me relus qu'une seule fois et avec une certaine surprise, car ma prose s'étalait sous un autre nom et ornée d'une photographie qui n'était pas la mienne.

A l'époque, paraissait quotidiennement dans *Le Figaro* un « journal de bord » dans lequel je narrais par le menu mes pérégrinations estivales. Vision très subjective et très partiale des vacanciers et des palaces, des casinos et des plages. Je m'en donnais à cœur joie dans un non-conformisme sans audace.

Or, Pierre Brisson reçut un matin quelques lettres de lecteurs du *Figaro* se plaignant de retrouver dans un journal de la Côte d'Azur — et avec un décalage de vingt-quatre heures — les articles de votre serviteur. Ils se demandaient de surcroît pourquoi j'usais d'un pseudonyme. L'enquête rondement menée permit d'établir qu'un jeune journaliste varois, ayant trouvé ma prose à son goût, la donnait chaque jour à son journal comme étant de son cru. Il n'y changeait pas un mot, pas un adjectif, pas un jugement, prenant à son compte — c'était assez courageux de sa part — toutes les inimitiés que des papiers aussi peu « touristiques » pouvaient susciter en période de vacances. Le « rectificatif » publié quelques jours plus tard par le journal varois, pour expliquer que sa bonne foi avait été surprise et que ces articles n'étaient pas très frais, fut, vous vous en doutez, quelque peu embarrassé.

Malgré mon labeur forcené, je faisais toujours des blagues, mais en essayant de les rendre plus cruelles. Ainsi m'étais-je peu à peu rendu compte que les gens « couraient » d'autant plus vite et mieux qu'on les attirait dans une direction où ils souhaitaient depuis longtemps aller. En d'autres termes, il s'agissait, avant de monter un canular, de se renseigner sur leurs désirs profonds.

L'un avait donné un manuscrit à un éditeur qui le laissait depuis plusieurs mois sans nouvelles. Je téléphonai en me faisant passer pour l'éditeur et j'annonçai une publication prochaine. La nouvelle déclencha une tournée générale.

L'autre, chroniqueur agricole, se plaignait du manque de considération dont il était la victime au Rond-Point. M'étant procuré du papier à en-tête du ministre de l'Agriculture, je lui expédiai une superbe lettre où je lui assurais que je le tenais pour le meilleur spécialiste du moment et où je l'invitais à déjeuner et lui demandais s'il voulait bien faire partie de « mon » cabinet. Aussitôt, le destinataire parcourut triomphalement les couloirs du journal, exhibant sa lettre sans se douter que tout le monde était au courant.

J'imitais aussi pas trop mal certaines voix connues. Mon grand plaisir était d'appeler en pleine nuit des écrivains ou des artistes pour leur dire pendant de longues minutes tout le bien que je pensais de leur talent. Ils étaient tellement vaniteux, tellement bouffis de leur importance qu'en dépit de l'heure indue et des gros sabots que je chaussais aucun ne me raccrocha jamais au nez.

Avec Jacques Antériou, nous avions mis au point toute une série de canulars téléphoniques. Il y en avait un très simple qui consistait à appeler n'importe qui dans un immeuble bourgeois, à se présenter — toujours en pleine nuit, naturellement — comme étant le « colonel en retraite du cinquième » et à se plaindre que la lumière de la cuisine fût restée allumée.

Une autre formule plus complexe consistait à confirmer une communication internationale. La personne, qui n'avait rien demandé, protestait. Après avoir évoqué le montant considérable de la note qu'elle allait recevoir, nous suggérions une ultime démarche auprès du surveillant de nuit. Nous donnions alors son nom — M. Charles — et son numéro — celui de l'Elysée. Or, entre 1958 et 1968, lorsqu'en pleine nuit des plaisantins appelaient le palais présidentiel pour demander à parler à M. Charles, au sujet d'une réclamation, ils étaient immédiatement localisés par les Renseignements généraux et, le lendemain matin à l'aube, ils recevaient la visite de quelques policiers.

IV

Je ne suis pas décoré. Je n'ai appartenu a aucun cabinet ministériel. Je n'ai brigué aucun mandat parlementaire. C'est dire que si j'ai parfois, professionnellement, côtoyé le Pouvoir, j'ai beaucoup moins emprunté ses avenues que les bas-côtés. Que les gens en place aient exercé sur moi une espèce de fascination, je ne le nie point. Voir évoluer un chef d'Etat, approcher un souverain en exercice, constitue un cinéma grandeur nature qui ne peut laisser indifférent. Mais, là encore, j'ai essayé de n'être ni dupe ni complice. Cette indépendance m'était facilitée par le fait qu'on me demandait de « travailler dans l'humain ». Condamné à la « chose vue », j'ai donc pu m'abstenir de toute considération politique. Je ne suis d'ailleurs pas peu fier d'avoir réussi à garder strictement pour moi, durant vingt ans, mes opinions sur ce délicat sujet. A supposer que j'en aie...

J'ai eu la chance de débuter dans le journalisme à une époque où ses représentants entretenaient d'excellents rapports avec le Pouvoir. Je veux dire que, vers 1953, la fonction présidentielle, pour ne parler que de celle-ci, ne s'était pas encore déshumanisée. Un chef de l'Etat, à qui le directeur d'un grand journal demandait de recevoir un de ses jeunes collaborateurs, ouvrait très simplement et sa porte et son cœur. La tâche était — apparemment — si facile, que l'on ne la confiait pas à un ténor. Ainsi tout le monde trouva-t-il normal qu'un beau matin du mois d'août 1953, alors que je n'étais que depuis six mois stagiaire aux informations générales, je fusse chargé d'aller interviewer le président Vincent Auriol en vacances à Rambouillet. Accent rocailleux, mais accueil cordial : d'un long passé socialiste et provincial, l'avant-dernier président de la IVe République avait gardé une simplicité que ses hautes fonctions n'altérèrent jamais.

Depuis deux jours, en pensant à ce premier reportage important, je ne dormais pas. Les supputations les plus folles me traversaient l'esprit : Et si le chef de l'Etat me trouvait trop jeune ? Pas assez qualifié ? Et si mes questions lui paraissaient idiotes ? Et si je n'arrivais pas à noter assez rapidement ses réponses ? Et si mon article était mauvais ? Et si *Le Figaro* refusait de le publier ?

On imagine ma tension en me présentant devant le portail royal du château de Rambouillet. Le cérémonial liminaire — gardes en uniforme, inspecteurs de la sécurité, valets de pied en redingote bleue et gilet rouge — n'était guère fait pour m'ôter mes complexes. Dieu merci, on m'avait flanqué d'un brave photographe entré le même jour que moi au *Figaro*, mais de vingt ans plus âgé. Il s'appelait (et s'appelle toujours) Jacques Normand.

Par la suite, je devais opérer souvent en sa compagnie. Sa rondeur et sa bonhomie faisaient merveille. Il n'avait pas son pareil pour demander à un personnage important de répéter pour la quatrième fois le même geste sous prétexte que la lampe de son flash n'était pas partie. Ce jour-là, il devait être impressionné comme moi par la majesté des lieux, puisqu'il commença par appeler Vincent Auriol « mon Président ». Mais le couple se montra si gentil qu'en moins d'un quart d'heure nous fûmes à l'aise. Je me retrouvai derrière le château confortablement installé dans un fauteuil et bavardant avec le chef de l'Etat, tandis qu'un maître d'hôtel m'approvisionnait en cigarettes et en jus de fruits. La grande vie ! Le grand reportage ! Les grands de ce monde approchés par un tout petit ! Bien sûr, il ne fut pas question d'aborder les sujets graves. Nous étions au mois d'août. Le président prenait ses vacances à Rambouillet et il fallait surtout pouvoir expliquer aux lecteurs comment se déroulait heure par heure la journée du chef de l'Etat : journaux, livres, disques, promenades. Bref, un séjour très familial, seulement ponctué chaque semaine par un Conseil des ministres qui se tenait dans une pièce du château spécialement aménagée à cet effet.

Tandis que Jacques Normand s'activait dans une pièce voisine, je revins subrepticement, afin de m'asseoir au milieu de la grande table vide, dans le propre fauteuil du président. Ce dernier se montra on ne peut plus coopératif, allant jusqu'à mimer pour nous le premier intermède de sa longue journée, en confectionnant lui-même son petit déjeuner sur un modeste réchaud à alcool.

L'article et les photographies parurent le surlendemain sans aucune coupure. Mon papier se terminait ainsi : « ... La pièce d'eau familière accueille les derniers soubresauts du jour qui meurt... Bonnes vacances, monsieur le Président !... » On ne pouvait être plus respectueux, plus républicain et plus classique. Vincent Auriol eut la bonté de me faire dire qu'il ne regrettait pas de m'avoir reçu.

Sans doute, ce premier reportage, qui vint s'étaler sur une page entière du *Figaro* influença-t-il la suite de ma carrière. Dans cette profession où l'on s'empresse de cataloguer très vite tout le monde, je devins « le garçon-bien-élevé-que-l'on-peut-envoyer-aux-grands-personnages, -surtout-si-ce-jour-là-ils-n'ont-rien-de-sérieux-à-raconter ».

Je n'oserais prétendre que cette spécialité ne modifia pas légèrement mon comportement. Il existe un phénomène incontestable d'osmose entre les interviewers et les interviewés. Phénomène unilatéral, bien sûr. Les journalistes qui approchent les hommes au pouvoir éprouvent l'impression grisante de transporter en permanence des secrets d'Etat. Ceux qui ont confessé des savants ou des écrivains se sentent les dépositaires de toute une culture, et leur conviction est si forte que leurs confrères et le public arrivent à la partager parfois.

Cette image de marque présidentielle me valut tout naturellement d'être désigné pour suivre le Congrès de Versailles au mois de décembre 1953. Là, pendant huit jours, j'évoluai en plein brouillard, au propre comme au figuré. Deux fois par jour, je me rendais au château afin d'assister à la sortie des congressites. Deux fois par jour, j'apprenais qu'ils n'avaient pu se mettre d'accord sur un nom et que la République n'avait toujours pas trouvé de président. Le reste du temps se passait à courir les bistrots et les restaurants où les grands candidats et les états-majors avaient installé leurs quartiers généraux. Je revois encore la famille Laniel déjeunant d'une fourchette gaillarde quelques minutes avant un scrutin dont elle ne doutait pas de l'issue favorable.

Le soir, c'était la détente. Tous les journalistes présents à Versailles se retrouvaient, échangeaient leurs tuyaux et faisaient des pronostics — voire des paris — sur la séance du lendemain. Le sixième jour, on sentit que la France « décrochait ». Le travelling biquotidien d'André Le Troquer passant en frac entre deux rangs de gardes républicains n'amusait plus personne.

Pour bien marquer qu'ils ne s'associaient pas sérieusement à cette mascarade parlementaire prolongée, les journalistes décidèrent de procéder de leur côté à une élection. Et tandis qu'à quelques centaines de mètres de là, certains vrais congressistes énervés ou fantaisistes inscrivaient sérieusement sur leurs bulletins le nom de Ferdinand Lop, l'éternel candidat des étudiants du quartier Latin, nous le désignâmes à une écrasante majorité, comme le seul homme capable de reprendre en main la direction du pays.

Depuis le début du Congrès, Lop s'était installé dans un petit hôtel de la cité royale. Nous allâmes le prévenir en délégation. Il nous reçut aimablement, mais sans marquer aucune surprise. Il attendait depuis si longtemps un destin national !...

Nous lui demandâmes de venir dire quelques mots au peuple et de poser pour les photographes. Il s'habilla hâtivement et nous suivit. Je possédais à l'époque un énorme cabriolet américain décapotable. Bien qu'on fût en décembre, je circulais dans Versailles le nez et les cheveux au vent. J'invitai le président Lop à faire de même. On me coiffa d'une casquette à cocarde, empruntée à un vrai chauffeur ministériel, tandis que Lop montait, debout à l'arrière de la voiture, et qu'on lui passait en hâte autour de la taille une énorme écharpe tricolore.

Cette promenade nocturne demeure, vingt ans plus tard, un de mes meilleurs souvenirs. Pendant des heures, nous parcourûmes la ville dans un concert furieux d'avertisseurs. Des centaines de plaisantins ou de braves gens s'étaient joints à nous. Lop levait les deux bras vers le ciel lourd, faisait des discours à chaque coin de rue, serrait les mains et embrassait des enfants. De temps en temps, des curieux se montraient aux fenêtres :

« Que se passe-t-il ?

— Nous avons enfin un président !

— Qui est-ce ?

— Ferdinand Lop !

— Ah ! bon ! » disaient-ils sans montrer d'étonnement, et ils retournaient se coucher.

Vers minuit, je redéposai le président Ferdinand à son hôtel. Il était exténué mais ravi. Comme je l'aidais à sortir de la voiture, casquette basse, il me regarda dans les yeux, mit la main sur mon épaule et me dit :

« Bouvard, je vous nomme ministre des Transports ! »

C'est le seul poste ministériel qu'on m'ait jamais proposé.

Deux jours plus tard, et à la faveur d'un scrutin que les observateurs les plus qualifiés avaient baptisé de « vote de politesse », M. René Coty obtenait la majorité constitutionnelle.

La nouvelle éclata comme une bombe à l'heure du dîner. Ce fut l'affolement dans toutes les salles de rédaction. Personne ne savait qui était René Coty. Les mieux documentés se souvenaient seulement qu'il avait détenu durant quelques mois le demi-maroquin d'un sous-secrétariat d'Etat au Logement. Il avait quarante-cinq ans de vie parlementaire derrière lui, une nombreuse famille très unie et pas de voiture.

J'eus le privilège d'assister à sa première apparition officielle, vers onze heures du soir, dans le grand salon illuminé de la préfecture. Tandis que les photographes commençaient à opérer, le nouveau président et sa femme essayaient, tant bien que mal, de rassembler autour d'eux enfants et petits-enfants. A côté de moi, un reporter qui revenait de la capitale racontait que c'était lui qui, se rendant au domicile personnel des Coty, était allé porter la bonne nouvelle à celle qui devenait à partir de cette minute la première dame de France.

« Votre mari vient d'être élu président de la République, qu'allez-vous faire ? »

La réponse était venue tout de suite, mi-sérieuse, mi-enjouée :

« Je vais lui faire une tarte ! »

Je n'oserais affirmer que cette boutade est authentique mais, dans sa simplicité inattendue, elle résumait déjà ces cinq années d'un septennat écourté, durant lesquelles le couple présidentiel devait parfaitement s'identifier à un couple de Français moyens.

Apparemment, personne n'avait prévu cette élection, ni l'intéressé ni même ceux qui avaient voté pour lui. Ce n'était dans l'idée de tout le monde qu'un coup de chapeau. Cela devait se transformer en haut-de-forme le jour de la passation des pouvoirs lorsque, côte à côte dans la Delahaye décapotable, les deux présidents franchirent la grille du Coq. Comme j'avais été le premier à les interviewer à Versailles, M. et Mme René Coty acceptèrent de me recevoir avant tous mes autres confrères le jour où ils s'installèrent officiellement à l'Elysée. C'était un dimanche. J'arrivai vers sept heures du soir. On m'aiguilla vers les appartements privés du premier étage. Je bavardai avec le président qui, au bout d'un moment, m'invita à partager le repas familial. Trois couverts étaient mis. On avait donné congé aux domestiques qui, avant de partir, avaient disposé dans une pièce attenante les éléments d'un repas froid.

Imaginez ma stupéfaction en dînant ainsi, impromptu, avec le nouveau chef de l'Etat et son épouse ! De temps à autre, René Coty se levait, entrouvrait la porte derrière laquelle un garde républicain faisait les cent pas et revenait aussitôt porteur d'un plat ou d'une bouteille. Rien de plus attendrissant que les surprises et les hésitations marquées par ces braves gens, que le mécanisme démocratique faisait passer brutalement d'un quatre pièces cuisine sans personnel à plusieurs palais nationaux bondés de fonctionnaires et de domestiques.

Jamais la fonction ni le décor ne leur montèrent à la tête. Jusqu'à sa mort, qui m'attrista beaucoup, Mme René Coty fut la providence et l'amie sincère des journalistes. Sa popularité parmi nous atteignit son zénith un soir d'hiver à Bagnoles-de-l'Orne, où le président faisait sa cure. La sécurité élyséenne était alors dirigée par un commissaire divisionnaire qui n'était sans doute pas plus méchant que les autres, mais que ses responsabilités avaient transformé en chien enragé. Dès qu'il nous apercevait quelque part, il retroussait les lèvres et nous montrait les dents comme un dogue.

M. et Mme Coty étaient arrivés depuis la veille et nous n'avions pas pu les approcher. Nos directeurs respectifs réclamaient de la copie, mais le commissaire faisait le barrage. De surcroît, il neigeait. Nous étions là depuis des heures, frigorifiés, à battre la semelle dans la gadoue, tandis que le commissaire se moquait de nous et nous conseillait de reprendre le premier train pour Paris, quand, tout à coup, Mme René Coty parut à la porte. Elle nous considéra d'un œil surpris et demanda ce que nous faisions là. Puis, s'avisant de la température, elle dit au policier qu'on ne pouvait pas nous laisser ainsi dehors et qu'il fallait nous faire entrer. Cinq minutes plus tard, nous étions une quarantaine, crottés et transis, installés tant bien que mal dans le salon des Coty et, sur l'instigation de la présidente, le commissaire se voyait forcé de jouer les jeunes filles de la maison et de nous servir le champagne à la ronde. Ce fut pour moi — bien que je n'aime pas ce breuvage — un fort bon moment...

Plus tard, beaucoup plus tard, René Coty m'accorda ma première — et dernière — interview sérieuse. Nous étions à l'époque où le général de Gaulle occupait le poste de président du Conseil. On savait que de nouvelles élections présidentielles allaient intervenir, mais le Général n'avait pas encore fait connaître sa candidature à la magistrature suprême. Dans l'entourage de M. Coty, on s'agitait. Le dernier président de la IVe République lui-même se languissait sans doute de vivre à l'ombre — fût-elle historique — de l'homme du 18 juin et de se voir signifier ses « huit jours politiques ». Des confidences qu'il me fit, qui furent longues et émouvantes, il ressortait que, selon la vieille formule radicale-socialiste, « il était toujours à la disposition de ses amis ». En d'autres termes, cela équivalait à postuler pour un second septennat.

Cet article, qui eût pu faire un certain bruit, ne parut jamais. Pierre Brisson jugea qu'une telle prise de position risquait de diviser dangereusement les Français en deux clans. Dans les jours qui suivirent, des démarches occultes furent entreprises du côté de l'Elysée. Elles durent aboutir, puisque le président Coty ne répéta jamais devant d'autres journalistes les propos qu'il m'avait tenus.

Avec le recul des années, j'admire la sagesse de

Pierre Brisson, même si elle m'a coûté mon plus sensationnel « papier »...

J'avais été du premier dimanche. Je fus du dernier. Mêlé à ceux qui raccompagnèrent René Coty, redevenu simple citoyen, dans sa maison havraise, je le vis retrouver sa famille, ses amis et son fauteuil au coin du feu avec une lassitude qui, heureusement, n'entama jamais sa dignité.

Deux ans avant l'échéance fixée, il quittait la scène politique, harassé par les soucis du Pouvoir, profondément attristé par la guerre d'Algérie. Et je me revis surgissant à tous les instants durant ces cinq années, tantôt à l'Elysée, tantôt à Marly, tantôt à Rambouillet, tantôt à Vizille, tantôt à Bagnoles-de-l'Orne, tantôt à Menton, faisant avec lui de longues marches à pied qui, le matin, et sans aucune autre escorte qu'un policier en civil, nous menaient par un sentier de chèvres jusqu'en territoire italien.

Lorsque René Coty est mort, une nuit pendant son sommeil, j'ai eu l'impression de perdre pour la seconde fois mon grand-père, c'est-à-dire bien plus qu'un président...

Il manque, je l'avoue, à ce palmarès officiel, le général de Gaulle. Il n'était pas de ceux qu'on interviewe. Il n'éprouvait aucune tendresse particulière pour la presse. Et, de toute façon, les rares confidences qu'il accordait ne relevaient pas précisément de mon badin ministère.

Me fus-je trouvé une fois avec lui, que j'aurais sans doute perdu mes moyens, tant il m'impressionnait physiquement. J'insiste sur cet adverbe, car les rares personnages pour lesquels j'ai éprouvé de la crainte et de l'admiration (ces deux sentiments sont indissociables pour moi) ont toujours été des gens doués d'un rayonnement (voire d'un magnétisme) exceptionnel.

Une fois, je fus pourtant bien près de rencontrer le Général. Je me trouvais dans le bureau élyséen le matin où Charles de Gaulle, encore président du Conseil, devait venir chercher René Coty, encore président de la République, afin d'assister à un *Te Deum* à Notre-Dame de Paris. Connaissant le rendez-vous des deux hommes, je succombai à la tentation de faire traîner l'entretien plus que prévu. Peine perdue. A l'heure fatidique, un aide de camp vint annoncer que le futur premier président de la Ve République était là, attendant dans un salon attenant. Je fus contraint de prendre précipitamment congé, malgré mon envie d'observer les rapports entre ces deux hommes.

Une autre fois — après l'installation du Général à l'Elysée —, je me rendis à la grande réception annuelle des Arts et Lettres. Mais ce n'était évidemment pas un jour propice aux entretiens particuliers. Dans le meilleur des cas, le Général vous déclarait :

« Heureux de vous voir ici... »

A moins qu'il n'optât pour la formule numéro deux :

« Vous êtes chez vous, mon cher Maître ! »

Cohue sympathique et bigarrée, dominée par la présence de Brigitte Bardot (autre lacune impardonnable dans mes interviews) vêtue d'un costume rouge à brandebourgs dorés, à côté duquel l'uniforme des gardes républicains faisait pâle figure. Si les écrivains et les peintres semblaient assez à l'aise, les comédiens et les chanteurs, eux, ne cachaient pas leur trouble. Réflexion très significative de Charles Aznavour en quittant le palais du faubourg Saint-Honoré :

« J'ai l'impression d'avoir pris le thé chez Louis XIV. »

Et ce ne sont pas les pâtisseries qui manquaient au plafond...

Seul, ce jour-là, Roger Ferdinand se souvenait d'avoir été un auteur comique. Il faisait le tour des salons en demandant d'une voix innocente à tous les invités qu'il connaissait :

« Vous êtes du dîner tout à l'heure ? »

Immanquablement, la réponse venait négative et maussade. La figure des dames se renfrognait ; les hommes feignant l'indifférence, guettaient la réaction des suivants. Roger Ferdinand repartait un peu plus loin, vers d'autres groupes, afin de poser la même question. Interrogation absolument loufoque au demeurant, puisqu'il n'y avait aucun dîner prévu ce soir-là à l'Elysée !...

Georges Pompidou était depuis trois ans locataire de l'hôtel Matignon, lorsqu'il accepta de me recevoir en tête-à-tête durant une heure. A l'heure dite, je pénétrai dans le cabinet du Premier ministre. La table de travail paraissait d'autant plus énorme qu'aucun papier ne l'encombrait. Prié de m'asseoir, je commençai à débiter le petit préambule que j'avais cogité depuis plusieurs jours. Il était assez court, car j'avais prévu que M. Pompidou me jetterait rapidement une phrase secourable et que nous entrerions alors dans le vif du sujet. Or, le Premier ministre resta muet. Il me regardait fixement, sans indulgence, comme un gros chat prêt à bondir. Et moi, empêtré du respect dû à la fonction et des questions d'ordre assez privé que je venais poser, je me débattais seul sous son regard noir. Je l'interrogeai sur sa façon de concevoir l'existence, sur les vacances, sur la difficulté de passer inaperçu à des moments où l'on voudrait bien ne plus être que M. Tout-le-monde.

En 1965, la légende d'un Georges Pompidou familier des coulisses, lié aux artistes et « locomotives » de la *dolce vita* parisienne, était encore vivace. Je l'évoquai. La réponse fut vive et agacée :

« On a beaucoup exagéré les amitiés que je pouvais compter dans le monde du spectacle. Ainsi m'a-t-on baptisé une fois pour toutes l'intime de Françoise Sagan et de Juliette Gréco. Je connais depuis plusieurs années Sagan et j'estime son talent, mais je n'ai rencontré Mlle Gréco qu'une ou deux fois par hasard. Je ne sais pas où elle habite, je n'ai pas son numéro de téléphone. Bref, elle ne fait pas partie de mon univers. »

Jamais, en vingt ans, je ne me suis senti aussi mal à l'aise. Et pourtant, combien de fois ai-je réalisé, tout en les posant, l'inanité de mes questions, ou le temps que je faisais perdre à de puissants personnages ! Je crois même que, dans ce bureau de l'hôtel Matignon, j'ai eu peur, vraiment peur. A telle enseigne que l'interview a très vite tourné court et que je suis reparti un peu honteux, sans avoir épuisé mon questionnaire. Par la bande, j'appris ensuite que cette interview avait prodigieusement agacé le Premier ministre. Sans doute si l'occasion m'en était donnée aujourd'hui, conduirais-je de façon moins futile ce genre d'entretien. Mais nous n'avions pas vécu le mois de mai 1968 et je croyais encore sincèrement à une certaine forme de journalisme parisien.

Je ne revis M. Pompidou, devenu entre-temps président de la République, qu'en 1970, pour la traditionnelle sauterie des Arts et Lettres. Il devait m'avoir pardonné, puisque quelques mois plus tard je fus invité à déjeuner à l'Elysée avec l'état-major du *Figaro*.

La chère fut excellente et les propos — souvent confidentiels — passionnants. Le « numéro » que peut faire le chef de l'Etat en certaines occasions est éblouissant d'esprit et de vivacité. Certes, sa lucidité et sa connaissance des hommes l'inclinent souvent au cynisme. Mais la conclusion qui vient ensuite est toujours tempérée par l'humour et le sens humanitaire. Je suis à peu près sûr que M. Pompidou est l'homme d'Etat actuel qui se fait le moins d'illusions sur les hommes. Mais c'est aussi le premier président qui se soit posé le plus de questions à propos de l'exercice de son droit de grâce.

Au cours de ce déjeuner, le chef de l'Etat est détendu. Entendez par là qu'il a les mêmes préoccupations qu'aux autres heures de la journée, mais que pendant la trêve du repas il accepte de les nuancer d'humour. Je me faisais un monde de la situation internationale. Expliquée par Georges Pompidou à l'heure du cigare (qu'on fume sans quitter la table et en prenant le café), tout devient clair et lumineux. L'univers n'est plus constitué que de gros commerçants cherchant désespérément — et parfois en usant de la menace — à vendre ou leurs agrumes, ou leurs canons. M. Pompidou jongle avec les dollars, les alliances et les partis. Il a l'assurance tranquille et définitive que donne une solide connaissance des dossiers et surtout les informations qu'il tient sans intermédiaire des intéressés eux-mêmes. Chaque sujet se trouve ainsi ramené à ses justes proportions.

A propos des conversations diplomatiques qui se déroulent désormais plusieurs fois par mois à l'Elysée :

« La franchise est encore ce qu'on fait de mieux. Il faut être franc lorsque l'on voit beaucoup de gens. Autrement, cela exige une grande tension nerveuse si l'on ne veut pas se couper à tout instant. »

Sur la déontologie internationale créée par les armes nucléaires :

« La bombe atomique a suscité des problèmes moraux nouveaux. Avant elle, personne ne se posait de question pour savoir si l'on pouvait ou non ouvrir un ventre humain à l'aide d'une baïonnette. »

On parle du pirate de l'air qui, pendant sept heures, vient d'immobiliser tout l'aéroport d'Orly et prétendait porter secours aux sinistrés du Bengale :

« Pendant quelques instants, j'ai cru qu'il s'agissait d'André Malraux. »

Ces menaces de conflit qui ne cessent de se succéder depuis la fin de la dernière guerre ne provoquent chez le président aucune morosité :

« Nous vivons une époque passionnante. Raison de plus pour essayer de la vivre longtemps. »

Je quitte le palais de l'Elysée, ébloui et inquiet. Ebloui, parce que sur certains sujets j'en ai appris plus durant deux heures que pendant les vingt années qui viennent de s'écouler. Inquiet, parce que au moment du dessert le maître d'hôtel m'a proposé une somptueuse mousse au chocolat que je n'ai pas osé refuser, sachant qu'il s'agissait là d'un des desserts favoris du président. Or, depuis quatre ans, à la suite d'une crise de foie et d'une indigestion mémorables, le chocolat m'est rigoureusement interdit. Je ne supporte même pas la vue de la plus petite tablette. Mais comment refuser sous l'œil du chef de l'Etat ? Alors, je bois le calice jusqu'à la lie. J'en reprends même, de la crème en question, pour mieux me sacrifier sur l'autel des bons rapports qui doivent exister entre la presse et le Pouvoir. Et puis j'attends la catastrophe.

Je l'attends toujours. La crème au chocolat de l'Elysée est passée comme une lettre à la poste. J'en ai remangé souvent depuis. M. Pompidou m'a, sans le vouloir, débarrassé d'un de mes derniers préjugés.

V

En vingt ans, j'ai attendu cinq enfants : deux qui portent le plus légalement du monde mon nom ; trois qui ne me sont rien du tout. Rien de plus étrange, d'ailleurs, que de faire les cent pas dans un couloir de clinique — ou sur le trottoir — en guettant l'arrivée en ce bas monde d'un petit être qui vous est étranger.

J'ai ainsi attendu le premier enfant du shah d'Iran et de l'impératrice Farah Dibah (j'avais assisté au mariage, c'était bien le moins que je me penche sur la naissance) ; le troisième enfant de la reine Elizabeth d'Angleterre et le fils unique de Mlle Brigitte Bardot. Trois événements d'importance inégale eu égard à la personnalité des parents et à la localisation des cliniques, mais sacrifiant à une spécialisation identique : le reportage gynécologique.

On ne dira jamais assez combien le guet — la « planque » comme disent les policiers — tient de place dans le reportage moderne. Une bonne partie de la presse est ainsi constituée, d'un côté, par des « greffiers » qui prennent sous la dictée les propos qu'on leur laisse tomber d'une lèvre plus ou moins dédaigneuse et, de l'autre, par des « guetteurs » qui attendent un homme ou un événement.

Moi, j'attendais des enfants. J'étais un desservant du carnet rose. Des enfants célèbres, bien sûr. En ce domaine, le suspense est mince : garçon, fille ou mort-né. Il n'est évidemment pas question d'assister à l'accouchement, ni même d'aller confesser ensuite la jeune mère. Le travail est donc réduit, mais il peut se prolonger d'une façon imprévue, tant il est vrai que, en matière de prospective prénatale, il y a toujours une stupéfiante marge d'incertitude.

J'avais donc assisté au mariage du shah d'Iran avec Farah Dibah, un conte de fées moderne dont semblait raffoler le public français, fût-il lecteur du *Figaro*. Tous les ingrédients nécessités par le genre étaient réunis : un des derniers souverains absolus de la planète au charme viril, pilotant lui-même ses avions, parlant couramment six langues, dont le français sans accent ; une jeune fille, jolie, méritante, douce, timide, ayant fait ses études à Paris et un palais des *Mille et Une Nuits*. Mélangez le tout, ajoutez une bonne dose de dépaysement, deux cents dignitaires en grand costume, quelques membres pittoresques de la famille impériale, un millier de représentants de la presse internationale, quelques ensembles folkloriques et vous n'aurez encore qu'une pâle idée de cette atmosphère-là.

En fait, nous étions chargés de raconter une histoire d'amour qui servait de prétexte à une double opération politico-touristique. Les contacts avec la Cour eussent été très difficiles si l'un des journalistes français — Paul Mathias de *Paris-Match* — ne s'était opportunément souvenu qu'il avait connu Mohammed Reza Pahlavi, vingt-cinq ans plus tôt au collège du Rosay. Nous fûmes donc reçus la veille de la cérémonie nuptiale par le shah. L'entretien se déroula dans le salon le plus extraordinaire que j'aie jamais vu : une pièce de cinquante mètres sur vingt, entièrement tapissée de cristaux précieux jusqu'au plafond, avec sous nos pieds — ce qu'il fallait évidemment — de somptueux tapis persans pour faire couleur locale. Dans les couloirs de ce palais truffé d'objets précieux et de meubles rares, le service était assuré par des individus patibulaires, le crâne rasé, sommairement vêtus de bure. Renseignements pris, il s'agissait de condamnés (de droit commun et non pas politiques !) que l'on faisait ainsi travailler à peu de frais. Avec un indéniable brio, Sa Majesté Impériale nous expliqua qu'elle convolait pour des raisons dynastiques, mais que rien ne nous interdisait d'écrire qu'il y avait à la clef une très belle histoire d'amour. En sortant, nous admirâmes, dans un long couloir que je ne pus m'empêcher *in petto* de comparer au corridor de la tentation, les cadeaux de mariage expédiés de tous les coins du monde. Chaque chef d'Etat en exercice y était allé de son nécessaire de toilette ou de ses couverts en vermeil. Les commerçants de Téhéran, eux, s'étaient cotisés pour rappeler au couple ce qu'on attendait de lui : avec une avance de plusieurs mois, ils offraient une très belle layette.

La capitale de l'Iran est en fête. La police arrête toute circulation, aussi bien celle des voitures que celle des moutons qui défilent souvent librement dans les principales artères. Escortée par les sœurs du shah et la fille que le souverain a eue d'un premier mariage (elles n'ont qu'un an de différence), Farah Dibah apparaît sur le seuil du palais. Un chambellan lui présente une cage à l'intérieur de laquelle pépient une centaine d'oiseaux. La jeune fille, dont la traîne est portée par douze demoiselles d'honneur, hésite une seconde, puis d'un geste rapide ouvre la porte de la cage, libérant ainsi tous ses occupants dans un grand froissement d'ailes. Tout au long des cinquante mètres qu'elle doit ensuite parcourir pour s'asseoir dans la Rolls-Royce impériale, des pages jettent des roses sous ses pas. Un quart d'heure plus tard, le couple est installé dans la salle du trône. Devant Farah Dibah, on a disposé la psyché du bonheur, une glace magique cerclée d'or dans laquelle la légende veut que se reflète l'image de toutes les félicités. A côté, un plateau sur lequel on a placé un exemplaire du Coran, plusieurs poignées de la Terre Sainte de Carbelah, un pain *singak* et un peu de fromage.

Le reste de mes souvenirs se confond avec une liesse populaire d'autant plus surprenante que le niveau de vie est très bas. Des familles entières dorment, mangent (très peu) et font leur lessive dans les caniveaux à cent mètres à peine du palais royal. Comme il y a eu des distributions exceptionnelles de pièces de monnaie et de vivres, le tonus est remonté.

Les commerçants de Téhéran ont vu juste. Dix mois plus tard, je débarque de nouveau dans la capitale iranienne. L'accouchement est proche. Au moins est-ce le pronostic des médecins et des grandes agences de presse mondiales. Je suis à pied d'œuvre le 15 octobre 1960. L'heureux événement ne se produira pas avant le 1er novembre ! Et nous sommes deux cents reporters internationaux logés à la même enseigne, parfaitement oisifs, obligés de câbler des articles ineptes pour tenir l'opinion en haleine *(sic)*, allant rituellement deux fois par jour, à tout hasard, de nos hôtels à la clinique. La nourriture est immangeable. Nous nous rabattons sur le caviar, et surtout sur celui qu'on vend au marché parallèle, moins cher — parce que sans taxes — qu'au cours officiel.

Avec une vingtaine de confrères français, je me

suis installé dans un des meilleurs hôtels. Nous formons très vite une petite communauté très unie, ce qui nous permet de mettre nos rares informations en « pool » et de préposer au guet, à tour de rôle, l'un des nôtres — tandis que les autres font la sieste ou jouent aux cartes. Le soir, nous nous réunissons dans la chambre de Jacky Garofalo. Celui qui est chargé du ravitaillement apporte le caviar et l'on commande à la cuisine de l'hôtel une montagne de toasts. Dès que ces derniers arrivent (au bout de deux heures environ, car personne n'est pressé dans ce pays), nous observons un rite minutieusement mis au point. Tandis que quatre maîtres d'hôtel enturbannés déposent devant nous les pyramides de pain grillé, une jeune consœur esquisse la danse du ventre. Nous tapons sur des tam-tams improvisés et Gérard de Villiers (à l'époque à *France-Dimanche*) hurle à la cantonade :

« Messieurs, tous les fastes de l'Orient !... »

Lorsque enfin le bébé impérial se présente, aucun d'entre nous n'est là. Le gouvernement, inquiet de notre désœuvrement, s'est mis à organiser des visites systématiques à travers le pays, et le matin même on nous a embarqués à destination d'Ispahan, la « Cité des Roses ». Nous ne revenons que le soir. Téhéran est déjà sens dessus dessous. C'est un petit prince ! Les arcs de triomphe installés depuis un mois s'illuminent soudain. Les embouteillages sont monstrueux. Le concert des avertisseurs sonores couvre presque le vacarme des cent un coups de canon. Dehors, le docteur Salleh, encore vêtu de sa blouse blanche, est en train de faire (un peu complaisamment pour nos oreilles occidentales) le récit de l'accouchement auquel il a présidé. Aucun détail d'obstétrique ne nous est épargné. Le médecin conclut, en bon courtisan qu'il est :

« Le prince a des cheveux. Il est beau. Il ressemble au roi... »

Le vrai spectacle ne commence qu'ensuite, lorsqu'une foule en délire cerne la clinique. L'affolement est complet. Incapables de se distinguer au cœur de la mêlée, les policiers se matraquent entre eux. Ce sont finalement les pompiers qui sauveront la situation, en branchant leurs lances d'incendie et en arrosant copieusement la meute hurlante. Soraya, l'épouse délaissée, a été fair play : elle a envoyé aux parents un télégramme de félicitations.

Cette année 1960 fut donc particulièrement faste pour moi, puisque trois fois en douze mois je me penchai sur le berceau d'un nouveau-né auquel ne me rattachait aucun lien familial. Je le regrettai d'autant plus le jour où naquit Nicolas, le fils de Brigitte Bardot. L'accouchement eut lieu au domicile de la vedette, avenue Paul-Doumer. M. Jacques Charrier jouait à l'époque — et à la perfection — le rôle du père. Pendant vingt-quatre heures, l'immeuble fut littéralement assiégé. Les reporters dormaient dans l'escalier. Les techniciens de la radio et de la télévision faisaient les cent pas, laissant un peu partout traîner des micros dans l'espoir à peine dissimulé d'avoir en exclusivité les premiers vagissements du nouveau-né.

Est-ce que la France — et le monde qui, comme chacun sait, a les yeux en permanence fixés sur nous — s'intéressait autant au bébé de B.B. que la plupart des directeurs de journaux hexagonaux ? Je l'ignore, mais il faut toujours un certain talent pour récrire après André Roussin une nouvelle version de *Lorsque l'enfant paraît.*

Rien de plus limité sur le plan rédactionnel qu'une naissance. Quand on a dit que la mère et l'enfant se portaient bien et qu'on a sacrifié au petit jeu des ressemblances, il n'y a pas grand-chose à dire ou à écrire. Au bistrot le plus proche, où il tint toute la journée ses différentes conférences de presse, M. Charrier sut modérer l'enthousiasme des journalistes, noyant les curiosités déplacées sous le champagne et les bonnes paroles. Finalement, personne ne fut admis dans l'appartement. On ne pouvait décemment faire entrer cent cinquante personnes à la fois, et une délégation réduite eût été — pour ceux restés à l'écart — du plus fâcheux effet.

Voilà bien les paradoxes qui illustrent (et expliquent) les difficultés de la presse moderne. En dehors de quelques événements prévus pour eux (conférences de presse) ou qui se développent sur une très grande échelle (lancement de fusée, vingt-quatre heures du Mans, etc.), les reporters (les vrais et les faux, les petits et les grands) sont maintenant trop nombreux pour demeurer des interlocuteurs ou des témoins privilégiés. Et cette pléthore finit par porter atteinte à l'information. La plupart du temps, les représentants de l'opinion ne peuvent plus qu'acheminer vers leur rédaction respective les communiqués qu'on vient de leur remettre. Parqués, immobilisés au coude à coude, gardés à vue, ils doivent se contenter d'échanger des hypothèses et des supputations. Le champ n'en est que plus ouvert pour quelques grands « indépendants », comme l'Américain Schulzberger ou le Français Raymond Cartier qui, entretenant des rapports personnels suivis avec la plupart des hommes en place, ont leurs tuyaux de première main et font même parfois office d'éminence grise ou — au sens le plus noble du mot — d'agent secret.

La naissance du prince Andrew me maintint pendant trois semaines aux grilles de Buckingham

Palace, plate-forme d'observation peu enviable au début de février. Là encore, les gynécologues et les obstétriciens royaux s'étaient trompés dans leurs calculs. Entre le moment où je débarquai à Londres et l'instant où le jeune Andrew arriva au monde, il s'écoula vingt jours. Dieu merci, Londres offre plus de ressources que Téhéran mais, la bonne nouvelle risquant, par définition, de se produire à n'importe quelle heure et les hauts fonctionnaires de la Cour refusant obstinément d'évoquer avec nous des problèmes placentaires, il fallut bien organiser — entre reporters étrangers, car les Britanniques ne manifestaient aucun esprit coopératif — des tours de garde. Nous avions adopté l'horaire des factionnaires dont le bonnet à poil et l'impassibilité sont légendaires et, comme eux, trois fois par jour, nous nous livrions sans rire au cérémonial de la relève, nous exerçant à marcher au pas sous l'œil médusé des badauds. Si j'insiste un peu sur le reportage prénatal, c'est qu'il constitue un des plus difficiles exercices de style de toute la profession.

A partir du moment où le reporter est en place, il doit, même si le suspense se prolonge plusieurs semaines, envoyer chaque jour un article pour entretenir le sujet et calmer l'impatience du lecteur, sinon la sienne. Or, il ne se passe rigoureusement rien. La presse anglaise, elle, ne publie pas une ligne. Que raconter une fois qu'on s'est complaisamment étendu sur l'importance du sujet (le futur prince est le troisième enfant d'Elisabeth et de Philip, mais le premier qu'ait eu la reine depuis son couronnement), sur la ferveur populaire *(sic)*, sur les titres que portera le nouveau-né et sur le cérémonial de l'annonce traditionnelle ?

En fait, la surveillance était très difficile. Buckingham se présente comme une espèce de forteresse et les bâtiments occupés par la famille royale donnent sur une cour intérieure et des jardins. Nous aurions pu nous contenter d'attendre que le héraut d'armes placarde l'avis frappé du sceau royal dans la première cour d'honneur, mais nous voulions être les premiers à annoncer la nouvelle au monde. Avec un camarade, je m'arrangeai donc pour louer une chambre dans une tour de Piccadilly, qui surplombait assez étonnamment Hyde Park et le palais. Ayant repéré une fenêtre que nous identifiâmes (je me demande encore comment) pour être celle de la propre chambre de la souveraine, nous allâmes faire emplette d'une longue-vue à Chelsea. J'eus d'ailleurs par la suite un certain mal à faire figurer ce genre de débours sur ma note de frais ; l'administrateur m'ayant objecté que *Le Figaro* ne m'avait chargé d'aucune recherche astronomique. En avons-nous passé des bons moments, buvant notre thé à petites gorgées, l'œil collé à l'oculaire et incapables de pouvoir préciser si les silhouettes qui s'agitaient à cinq cents mètres à vol d'oiseau étaient Sa Très Gracieuse Majesté, des infirmières ou des caméristes !

La grossesse d'Elisabeth II et notre attente prirent fin alors que je venais de rédiger d'une plume quasiment désespérée un article de quatre feuillets où, muni des meilleurs renseignements, j'examinais les prénoms que porterait obligatoirement le jeune prince. On lui donna d'ailleurs le seul auquel je n'avais pas pensé : Andrew. Le 19 février à quatre heures et quart de l'après-midi, un gentleman en manteau bleu à col de velours, parut enfin sur le seuil de l'aile gauche du palais, tenant précieusement serré sur son cœur un tableau de vingt-cinq centimètres sur dix. Le gentleman marchait à petits pas. Arrivé à dix mètres des grilles, il précipita son allure puis, ne pouvant plus se retenir, il cria à la foule massée tout autour :

« *It is a boy !* »

Une immense ovation déferla. Je m'approchai et pus alors déchiffrer ce texte hâtivement calligraphié par un fonctionnaire du palais : « La reine a accouché normalement d'un fils à trois heures et demie cet après-midi. Sa Majesté et le jeune prince se portent bien. » J'avais perdu trois semaines de ma vie pour lire ces cinq lignes-là, pour ne voir ni la mère, ni le père, ni le bébé. Le soir, tandis que la bière coulait à flots et que les cloches sonnaient à toute volée, je reprenais l'avion avec l'impression curieuse d'être encore plus soulagé que la reine.

De la même façon et la même année, je m'invitai au mariage de Baudouin et de Fabiola. Rien ne ressemble moins au pays véritable qu'un pays en fête. Il ne faut pas plus visiter Rio pendant la période du carnaval que Cannes au moment du Festival. L'atmosphère et le décor de fête mettent entre le voyageur et la réalité un écran opaque.

Avec la plupart de mes confrères de la presse internationale, je m'étais installé la veille dans un grand hôtel de la capitale. Comment occuper les quelques heures qui nous séparaient de la cérémonie ? Allions-nous, nous aussi, enterrer la vie de garçon du roi et prospecter le Bruxelles *by night ?* Il faisait froid, il pleuvait. L'un de nous (ce fut peut-être moi) proposa une partie de poker. Nous nous installâmes dans la chambre la plus vaste et, à huit heures du soir, la partie commença. Le lendemain matin, à onze heures, elle durait toujours. Le mariage était prévu pour onze heures et demie. Nous n'eûmes que le temps de faire les comptes et, sans même pouvoir nous raser et procéder à quelques ablutions, de courir nantis de nos badges et de nos coupe-file, jusqu'à la collégiale Sainte-Gudule.

Je me demande encore aujourd'hui pourquoi nous ne sommes pas restés ce matin-là à notre hôtel : tous les journalistes furent parqués dans les bas-côtés de la collégiale, le dos tourné par rapport à l'autel. Devant eux, on avait pris néanmoins la précaution de disposer quelques récepteurs qui leur permirent de suivre toute la cérémonie à la télévision.

Par la suite, j'ai retrouvé de plus en plus souvent cette situation singulière. On fait plusieurs milliers de kilomètres, on obtient à grand-peine un laissez-passer et l'on se retrouve finalement devant le vidéo, comme n'importe quel téléspectateur moyen. C'est si vrai qu'aujourd'hui nombre de grands reporters — surtout ceux qui s'enrhument facilement et n'ont pas l'aventure dans le sang — font très confortablement et très complètement leur papier, sans jamais quitter leur chambre ou le bar de l'hôtel, en se bornant à aller de la télévision au téléphone.

Baudouin et Fabiola n'étaient pas beaux, mais ils étaient attendrissants. Cette union-là fut sans nul doute un vrai mariage d'amour où les contingences dynastiques et politiques ne tinrent que très peu de place. Après le conte des *Mille et Une Nuits* de Téhéran et l'opérette monégasque, l'intermède bruxellois devait fournir, pour de longues années, un solide tiercé à toute une presse spécialisée dans le diadème.

Si je versai un pleur avec le bon peuple sur les différentes fausses couches de Fabiola, je ne pus m'empêcher de me féliciter de cette impossibilité à être mère. Bruxelles est une ville trop froide pour qu'on y attende longtemps quoi que ce soit. Qu'il s'agisse d'un tramway ou d'un enfant...

Une nuit de mai 1960, j'enterrai Ali Khan. Entendez par là que, entre minuit moins le quart et minuit, je dus torcher hâtivement quarante lignes émues et documentées, pour saluer la mémoire de celui qui venait de mourir bêtement dans un accident de voiture au bas du mont Valérien.

Ali Khan était un personnage fascinant. Par sa fortune bien sûr, qui ne lui interdisait aucun caprice, mais aussi par l'ascendant qu'il pouvait avoir sur les femmes. Concurrent (et parfois complice) de Porfirio Rubirosa, il consacrait au sexe opposé toutes les minutes qu'il ne donnait pas au cheval. Et comme le prince était un homme à la fois très occupé et doué d'un solide tempérament, il ne s'embarrassait ni du lieu ni de l'heure quand il était amoureux. Placé non loin de lui, un soir de gala à la Comédie-Française, je pus ainsi — tandis qu'on jouait du Claudel sur la scène — constater qu'il avait transformé sa loge en chambre à coucher.

Ali Khan n'avait marqué aucune amertume lorsque le vieil Agha lui avait préféré son propre fils, Karim, comme successeur. J'avais été du voyage quand, un peu plus tard, le nouvel Agha dut visiter pour la première fois les différentes communautés ismaéliennes. Cette « tournée du sacre » commença aux Indes et se termina au fin fond du Tanganyika. Jeune dieu de vingt et un ans, né à Paris et instruit à Harvard, Karim est pour douze millions de sujets un chef religieux avant d'être un souverain temporel. Douze millions d'âmes sur une planète qui en compte aujourd'hui plus de quatre milliards, c'est peu, mais il faut tenir compte du pittoresque de l'institution (son poids de diamants remis symboliquement à l'Agha au matin de chacun de ses anniversaires), de la dispersion des communautés ismaéliennes à travers le monde, de la position mondaine exceptionnelle de l'Agha et de sa famille dans tous les pays et — ceci explique cela — d'une des plus grosses fortunes contemporaines. Les Ismaéliens sont d'ailleurs, à l'heure actuelle, les seuls citoyens assez intelligents pour considérer qu'un homme qui sait faire fructifier ses propres milliards est parfaitement habilité à bien mener leurs affaires. Rien de plus impressionnant que ce standing international : mieux qu'Aristote Onassis, Karim possède un point de chute dans chaque grande capitale. Il parle toutes les langues. On le considère à la fois comme un chef d'Etat et comme un jeune milliardaire de bonne famille. Son écurie de courses fait le reste auprès des masses prolétaires qui boudent ordinairement le Pouvoir et l'argent, mais s'obstinent à voir dans le pur-sang le meilleur véhicule de la redistribution du capital.

Durant ce tour du monde, le nouvel Agha est accompagné par sa mère, la princesse Joan, née Guiness, et par la Bégum, veuve du précédent Agha. Cette dernière, on le sait, se nommait Yvette Labrousse, lorsque quelques mois après avoir été élue Miss France elle rencontra le grand-père de Karim et l'épousa.

Depuis qu'elle est entrée dans cette exceptionnelle famille, la fille de l'humble traminot sétois bénéficie, elle aussi, de ce pouvoir caméléonesque qui la fait s'adapter à toutes les circonstances, à tous les usages, à tous les pays.

Le soir du couronnement, je l'aperçois à Dar es-Salam vêtue d'un long sari blanc. Autour d'elle, dix mille fidèles sont prosternés, attendant sa bénédiction. Elle a l'air de trouver cela aussi naturel que si elle était née dans quelque palais impérial.

Karim, lui, qui est si européen (quand on le rencontre aux courses à Londres ou dans l'hôtel particulier de l'île Saint-Louis qu'il a racheté à l'architecte Fernand Pouillon), joue sans plus de mal les divinités. Sur son trône, il accueille les dignitaires ismaéliens qui se prosternent à ses pieds et lui embrassent les mains, avant de lui présenter l'épée du Prophète. Puis on apporte sur un plateau quarante-neuf diamants, quarante-neuf médailles de vermeil et une foule de petits et grands cadeaux que le jeune Agha reçoit d'un front serein, en distribuant de son côté des bracelets-montres. Comme il fait une chaleur caniculaire, la première déclaration du nouvel Agha à son peuple est d'ordre pratique :

« Faites attention au soleil et n'oubliez pas de donner à manger et à boire régulièrement à vos enfants ! »

Après quoi, il bénit d'une seule main quarante mariages.

Je note dans l'article que je câble le soir même au *Figaro*, que « Mata Salamat », la veuve du précédent Agha, ne paraît pas occuper sur l'estrade la place à laquelle elle aurait normalement droit.

Le lendemain, lorsque je débarque à Orly après vingt-huit heures d'avion, un émissaire de Max Corre, alors directeur de *France-Dimanche*, m'attend au bas de la passerelle. Il me propose d'écrire — sans signer — une page complète dans le prochain numéro de ce magazine, afin de raconter une seconde fois tout ce que je viens de voir en Afrique. J'ai besoin d'argent. On me promet l'anonymat. J'accepte. On me précise alors qu'il faudra développer sur quinze feuillets l'unique petite phrase où, au conditionnel, je faisais état d'une détérioration des rapports entre la Bégum et le jeune Agha. Je tente vainement de faire comprendre à mes interlocuteurs qu'il s'agit là d'une supposition pas très sérieuse. Ils n'en démordent point. On m'enferme dans un bureau de *France-Dimanche* et, un peu honteusement, je développe sur la surface imposée cette idée à laquelle je ne crois pas. J'ai beau me dire que cet article ne sera pas signé, que je suis un mercenaire du stylo, c'est-à-dire un garçon à qui le besoin et la nécessité tiennent lieu d'inspiration, je ne suis pas fier lorsque je termine mon pensum. Je trouve que M. Max Corre y va quand même un peu fort. Et puis, lorsque l'article paraît, illustré de photos bien choisies, j'en arrive à me demander si dans le fond toute cette histoire n'est pas plausible.

Trois mois se passent et, un jour, la nouvelle éclate dans tous les journaux sérieux : l'Agha Khan et la Bégum ne s'entendent plus du tout.

Peut-être la lecture de mon article y est-elle pour quelque chose. Peut-être M. Max Corre est-il doué d'un don de double vue ? Peut-être suis-je trop honnête ou trop timoré ? Peut-être n'y a-t-il plus ici-bas de fausses nouvelles, mais seulement des nouvelles prématurées ?...

VI

J'AI approché bien des personnages célèbres, pittoresques et puissants. Pourtant, les deux hommes qui m'ont le plus impressionné ne sont ni des souverains, ni des généraux, ni des savants. Ils étaient journalistes comme moi. Plus exactement, ils étaient ce que j'aurais voulu être et ce que je ne serai sans doute jamais : des arbitres, des phares, des potentats du quatrième pouvoir. Des directeurs de journaux tout-puissants qui avaient chaque matin leur antichambre pleine de députés et chaque soir (j'exagère un peu) leur chambre pleine d'actrices.

Certes, la presse exerce un phénomène de fascination sur la plupart des gens qui savent lire. Et lorsqu'il s'ajoute à ce phénomène collectif un don particulier, comme celui que possédèrent Pierre Brisson et Pierre Lazareff, le pouvoir d'un journaliste — sinon celui d'un journal — se trouve décuplé.

Rien de plus différent, au demeurant, que ces deux personnages hors série que ma ferveur associe et à la mémoire desquels j'ai dédié ce livre. Ils n'eurent sans doute pour commun dénominateur que l'influence qu'ils exercèrent, leur passion pour un même métier et la plaque de grand-croix de la Légion d'honneur.

Pierre Brisson était avant tout un timide, et il communiquait sa timidité aux plus audacieux. Son principal défaut était de ne connaître que quelques-uns des collaborateurs de son journal. Sa principale qualité était de prendre instantanément des décisions sans appel. Tout *Le Figaro* marchait à cette époque à la baguette. Dans son bureau, le seul leitmotiv était :

« Oui, monsieur ! »

Avec cette unique variante :

« Bien, monsieur ! »

Du rédacteur en chef de l'époque (Louis Gabriel-Robinet) au plus humble stagiaire (votre serviteur), tout le monde gardait le petit doigt sur la couture du pantalon. Pas question de discuter une décision directoriale. Pierre Brisson usait, pour faire ses remarques, ses critiques, et ses compliments, d'un crayon vert redoutable et redouté. Le soir, il n'était pas rare que la première édition — la « départementale », comme nous disions — fût rageusement crayonnée de sa main et que certains papiers, même importants, tombassent en totalité. C'était mauvais ou mal écrit. Il fallait refaire ces articles ou en publier d'autres. De temps à autre, le crayon vert se bornait à souligner un solécisme ou une impropriété. Parfois aussi, je trouvais, très tôt le matin en arrivant au journal, un petit papier signé P. B. et sur lequel je déchiffrais, par exemple : « Bravo ! c'est du bon Bouvard » ! Suivait un chiffre comprenant généralement plusieurs zéros et que j'allais exhiber fièrement au caissier.

Strict dans sa mise, mesuré dans ses propos, se faisant du journalisme une très haute idée et n'admettant pas qu'on le rabaissât par des calculs ou des lâchetés, Pierre Brisson n'était pas d'un abord facile, d'autant qu'il terrorisait — en feignant de ne pas s'en apercevoir — presque tous les membres de son entourage, son fils Jean-François y compris.

Quand, deux fois par jour, il quittait son bureau afin de rentrer chez lui ou d'aller dîner en ville, toute une petite conspiration s'organisait : un garçon de bureau attendait sur le palier avec une savonnette et une serviette ; un autre tenait en réserve le manteau, le chapeau et le parapluie ; un troisième maintenait bloquée, pendant de longues minutes, la porte de l'ascenseur, tandis que l'huissier du rez-de-chaussée prévenait le chauffeur et se préparait à ouvrir la porte du hall.

Pierre Brisson n'a jamais dû de sa vie demander audience à un ministre. C'étaient eux qui quémandaient un rendez-vous. Ses inimitiés étaient d'autant plus durables que, pour faire du zèle, certains collaborateurs du *Figaro* les lui rappelaient de temps en temps. Il a disparu depuis huit ans, mais sa « liste noire » continue à faire partie du cahier des charges au Rond-Point.

Pour l'approcher, j'avais mis au point un stratagème sans gloire mais efficace : j'avais remarqué que chaque soir à la même heure, car c'était un homme d'habitude, il se rendait aux toilettes pour satisfaire des besoins si naturels qu'ils n'épargnent même pas les directeurs de journaux. J'avais également noté, usant là d'une psychologie primaire mais déterminante, que la satisfaction en commun de ce dit besoin naturel gommait partiellement les inégalités sociales et intellectuelles. Une minute avant l'heure prévue, je me dirigeais donc vers les commodités, me plaçais modestement, mais à la hauteur convenable, au-dessus de la vasque centrale et j'attendais. J'avais choisi la position médiane car, ainsi, aucun trublion de la dernière heure ne pouvait s'interposer entre P. B. et moi. (Comme nous avions les mêmes initiales, je signais mes articles Ph. B., et je continue encore maintenant car cela me semblerait une incongruité énorme de reprendre à mon compte ces deux majuscules historiques.)

Jamais Pierre Brisson ne s'étonna de trouver chaque soir à la même heure le même jeune collaborateur en cet endroit. Sans doute appréciait-il autant les vessies bien réglées que les têtes bien faites. J'attendais respectueusement qu'il dît le premier mot. Ce moment coïncidait avec le reboutonnage. Il m'appartenait alors de suggérer un reportage, de demander le feu vert pour un voyage, de quêter un avis qui m'était précieux. La conclusion avait lieu près du lavabo, chacun usant d'un matériel différent (on ne mélangeait pas encore à cette époque les torchons et les serviettes). Parfois, le sujet abordé se révélant important, Pierre Brisson m'entraînait jusqu'à ce grand bureau ovale dont la majesté me semblait très supérieure à celle de Notre-Dame de Paris.

Pendant douze ans, je n'ai écrit que pour lui, qu'en pensant à ses réactions, que dans le seul désir de lui plaire. Quand il est mort, j'ai failli tout abandonner, puisque j'avais perdu « mon » lecteur. Les quelques milliers d'anonymes qui l'ont remplacé ne m'ont jamais consolé.

De temps en temps, Pierre Brisson faisait un louable effort pour prendre contact avec les jeunes-turcs de son équipe (les w.-c. du *Figaro* n'eussent pas réussi à les contenir tous). La séance prenait la forme d'un déjeuner chez *Laurent*, le restaurant proche où P. B. avait ses habitudes et son salon particulier et où on lui servait, sans qu'il eût besoin d'en passer commande, les nourritures stylisées qu'il affectionnait.

Ces jours-là, il nous poussait gentiment à la franchise. Malheur à nous si nous y cédions et surtout si, dans l'euphorie digestive, nous perdions notre respect coutumier. Je me souviens d'un déjeuner particulièrement chaleureux et bien arrosé. Au moment du pousse-café, P. B. se tourna vers celui d'entre nous qui supportait le moins d'alcool et les nuances :

« Alors, jeune homme, qu'est-ce que vous pensez du *Figaro* ?

— Eh bien, monsieur, il ne casse pas des briques votre journal !... »

Stupeur générale. Tout le monde se raclait la gorge d'un air gêné. P. B. affecta de trouver très drôle et très instructive la remarque, mais il en voulut certainement à celui qui l'avait faite. En tout cas, il ne le rencontra plus dans l'immeuble sans lui dire d'un ton assez peu amène :

« Alors, il ne casse toujours pas des briques, mon journal ? »

J'avais pour l'honnêteté intellectuelle de Pierre Brisson le plus profond respect. Je savais que des décisions qui me paraîtraient contestables sur le moment deviendraient des évidences quelques jours plus tard. Une seule fois je fus déçu. J'étais en train de plaider devant lui, en tête-à-tête, le dossier d'un de mes meilleurs collaborateurs pour lequel je réclamais une augmentation justifiée. Au bout d'un quart d'heure, P. B. laissa tomber son verdict :

« C'est non. Je refuse. »

J'essayai de reprendre un par un mes arguments. Peine perdue. Les seuls motifs que je pus tirer furent ceux-ci, qui encore aujourd'hui me laissent songeur :

« Il est triste. Et puis, il a des moustaches... »

J'ai beau savoir que les décisions les plus graves sont prises à la tête du client, que la cote d'amour est plus forte que l'indice des salaires, je repense souvent à cet incident. J'aurais pu sur le moment répondre que si X... était triste, c'était peut-être parce qu'il n'était pas assez payé. Je n'ai pas eu l'à-propos de le faire et X... n'a pas été augmenté avant la mort de P. B.

Deux ou trois fois, je fus convié — faveur insigne ! — au domicile particulier de Pierre Brisson, boulevard Delessert. Connaissant ma passion pour les beaux livres, il consentait à me montrer les siens. Editions rares, truffées de manuscrits précieux et qu'il étalait sur une peau de chamois avec des gestes minutieux. Ses Molière constituaient son seul luxe et, je le suppose, sa seule fortune. Ce manque de besoins expliquait d'ailleurs qu'il comprît si mal les nôtres. Il est mort sans avoir su ce que coûtaient un ticket de métro ou une baguette de pain, mais il n'ignorait pas ce que valaient les hommes.

Si Pierre Brisson est l'homme que j'ai le plus admiré, Pierre Lazareff est certainement celui qui m'a le plus influencé. Son rayonnement dépassait d'ailleurs très largement le monde de la presse. Aussi bien en politique qu'en matière de spectacle ou de littérature, ses avis étaient déterminants. Il tirait un nombre considérable de ficelles sans jamais les emmêler. Réussite idéale de la matière grise sans diplômes, cet elfe des rotatives, que tout le monde appelait naturellement Pierre comme on donnait du « Monsieur » à Pierre Brisson, a fait rêver des dizaines de jeunes journalistes.

Nous guettions ses mots, ses encouragements, ses conseils. Jamais en vain. Toujours disponible, miraculeusement informé, débordant d'anecdotes inédites, fulgurant de raccourcis, il transformait plusieurs heures par semaine ses locaux directoriaux en bureau d'aide sociale et de placement. Jamais il ne refusait une ligne de recommandation, un coup de téléphone bien placé, ces « sésame » capables de transformer toute une vie. Avec Pierre Lazareff, on n'échangeait pas d'idées, il vous en donnait. J'en ai plus appris en bavardant de temps en temps une heure avec lui qu'en des mois avec d'autres.

Pendant un quart de siècle, nous l'avons pillé, nous lui avons pris jusqu'à ses tics, ses marottes, les bretelles, les lunettes sur le front (P. B. les portait ainsi également), le radiotéléphone dans la voiture, le réflexe instantané de transformer tous les événements de l'existence en articles, l'habitude de passer au journal en pleine nuit pour rien, pour le plaisir, pour humer l'encre d'imprimerie, pour serrer la main d'un typo, pour parcourir les dernières dépêches. Nous lui avons pris le goût de tout remettre en question à l'ultime minute, la volupté d'écrire ce que nous avions envie de lire.

Il était, paraît-il, rouquin, boutonneux et mal habillé. Je ne l'ai jamais vu que grand, beau et élégant. Les plus jolies femmes ne s'y trompaient point, puisque la plupart figurèrent fugitivement à son tableau de chasse et pour la vie sur la liste de ses bonnes œuvres. Deux ou trois fois, mécontent de moi ou des autres, je fus sur le point d'abandonner le journalisme. J'allais alors le voir pour lui expliquer mon désarroi. Il surgissait derrière son bureau encombré de crayons, de téléphones et d'interphones comme un diable d'un pot de moutarde farceur. Dix minutes plus tard, je ressortais avec de la confiance et de l'enthousiasme pour plusieurs semaines.

Son emploi du temps était prodigieux. Il pouvait, en l'espace d'une seule journée, s'intéresser à ses journaux, mais aussi à ceux des autres, à une pièce de théâtre, à un film, à une collection de livres, à une combinaison politique, à une vingtaine de personnes recommandées ou non et, accessoirement, à quelques jeunes comédiennes. Expliqués par lui, les événements et les hommes devenaient simples, lumineux, cohérents. Le dimanche, à Louveciennes, il réunissait à l'heure du déjeuner des interlocuteurs variés, souvent célèbres, et sans en avoir l'air faisait son plein d'informations. De ces contacts aimables et amicaux, jaillissaient ensuite dès le lundi, tous les grands sujets de la semaine.

Presque chaque matin, nous empruntions en même temps l'avenue Foch et les Champs-Elysées. Les derniers mois, il ne baissait plus sa vitre pour me parler, ne faisait même plus un geste cordial. Il dormait lourdement, tassé sur la banquette arrière, tandis que l'infirmière installée à côté du chauffeur le surveillait.

Son enterrement donna la pleine mesure de sa popularité et de son influence. Pendant des heures, des centaines de personnages connus défilèrent devant le petit cercueil de chêne installé sur un trépied.

Je suis retourné plus tard au cimetière où il repose comme je vais régulièrement sur la tombe de Pierre Brisson, à la fois pour évoquer ces figures essentielles et pour prendre quelques leçons d'humilité salutaires. Je suis toujours seul devant la tombe de ces grands personnages dont l'antichambre était naguère si encombrée. Ils ont désormais tout leur temps. Je suis sûr de les trouver. Je compare la place dont ils disposaient de leur vivant et celle dont ils bénéficient, morts. Eux, qui n'avaient fréquenté que l'élite et le gratin pendant des années, se trouvent pour l'éternité condamnés à la promiscuité de voisins anonymes. Tout se fait désormais sans eux, mais pas comme avec eux.

Car jamais, comme en songeant à ces deux hommes, ne m'est apparue plus fausse la maxime populaire qui veut que personne ne soit irremplaçable.

VII

Je n'ai pas connu Napoléon mais, en revanche, j'ai approché plusieurs fois et de très près Tino Rossi, le Rudolph Valentino des ménagères. La preuve qu'on peut être Adonis sans se priver de spaghetti. La preuve qu'on peut faire battre le cœur de toutes les femmes en se cachant sous leur balcon. La preuve qu'avant d'avoir une tête ou un cœur, Don Juan possède d'abord une voix. La preuve que l'amour, comme le théâtre, a aussi besoin de rondeur.

Le grand charme de Tino c'est de n'être que lui-même, c'est-à-dire un homme qui a l'air de se sentir bien dans sa peau. La sympathie qu'il éprouve à l'égard de sa propre personne finit par être contagieuse et l'on ne peut faire autrement que de s'y associer.

Des centaines d'heures de sieste ont laissé leur trace sur son beau visage lisse. Il porte son ventre comme la grand-croix d'un ordre national et la Légion d'honneur comme une faveur légère. Il a été une idole trente ans avant Johnny Hallyday. C'est le chanoine du *bel canto*. Il sent la prospérité et la lavande. Depuis quarante ans, son tailleur et ses paroliers l'habillent sur mesure. C'est le seul homme qui ait le droit de se prendre pour Tino Rossi.

Tino n'a pas économisé que les gestes. Sa voix a travaillé pour lui. Comme une femme. De ses cordes vocales sont sortis un appartement à Neuilly, un pied-à-terre à Cannes, un bateau ancré en Corse, devant une propriété auprès de laquelle les demeures d'Aznavour ou de Bécaud font figure de bidonvilles. Pas du tout le genre cigale, M. Tino...

Qui peut se prévaloir d'un pareil palmarès ? Quarante ans de séduction ; quarante ans d'inlassable dévouement au service de la Femme. Et pas une réclamation. Il y a près d'un demi-siècle qu'il tient le flambeau. Quelqu'un ramassera peut-être un jour le manche. Mais pas la flamme...

Le talent et la chance n'expliquent pas entièrement une telle réussite. Tino doit une bonne part de son succès à sa nonchalance. Très vite, il a compris que les efforts violents faisaient les carrières courtes. Il ne se soucie pas de la politique. Les régimes ne l'intéressent que dans la mesure où ils procurent un amaigrissement. Son grand bonheur, il l'a fabriqué à coups de petits sacrifices. Il a bon appétit, mais il sait se lever de table avec la faim au ventre. Il était un gros fumeur : il a totalement renoncé au tabac. Il est loin d'être insensible au charme féminin. Il s'est marié trois fois afin d'être plus facilement fidèle.

Assez habile pour avoir une guitare à la main, trop prudent pour en jouer, Tino fait ruisseler sur les foules pâmées le sirop de sa voix. Quand il n'est pas l'élu à qui on déclare sa flamme sur papier rose fleurant la violette, il est l'ami de la famille. Il se glisse entre les couples enlacés qui dansent *Le plus beau tango du monde*, susurrant des encouragements à l'homme, murmurant dans les tympans de la femme ces douceurs d'inaccessible qui permettent à tant de petites Françaises d'épouser un sosie de Philippe Clay en rêvant ensuite toute leur vie de Tino.

Tino aura donc été le phénomène dont on n'a même pas besoin de connaître les traits pour tomber amoureux. Sa voix s'élève un peu voilée, collée au gosier comme un reste de confiture au fond d'une casserole et, à la même heure, des milliers de mères de famille soupirent d'aise dans leur soupe aux légumes, tandis qu'aux quatre coins de l'Europe des garçons se ruinent en gomina argentine pour essayer de lui ressembler.

Pendant quinze ans, j'ai été fâché à mort avec Maurice Chevalier. Il ne me pardonnait guère les piques incessantes que je lui lançais et moi, de mon côté, j'avais fini par lui en vouloir du mal que je disais de lui. Ce n'est pas un paradoxe ni une boutade, mais un phénomène strictement journalistique que j'ai personnellement maintes fois vérifié. Et qu'on n'aille pas me dire que je confonds en ce cas précis la cause et l'effet. Dans mon métier, on écrit très rarement du mal de quelqu'un pour la seule raison qu'on lui en veut. Ce n'est qu'un peu plus tard, dans une seconde phase, qu'on se prend à haïr, soit parce que l'on veut justifier *a posteriori* un article agressif, soit parce qu'on se sent mauvaise conscience et que par un étrange « transfert » on éprouve un second mouvement d'humeur à l'égard de celui qui a déjà souffert injustement du premier.

Donc, j'avais écrit pis que pendre du grand Maurice. Il faut avouer que, vu sous un certain angle et dépouillé de son aura de sympathie, l'homme au canotier pouvait facilement prêter le flanc à la critique : son autodidactisme un peu pontifiant, son goût des aphorismes primaires, ses longs discours alambiqués, sa façon simplette de raconter une vie qui n'était d'ailleurs pas tellement compliquée, ses obsessions culturelles — tout cela pouvait irriter un jeune chroniqueur qui n'avait pas saisi d'emblée tous les côtés attendrissants du patriarche de Marnes-la-Coquette.

Et pendant quinze ans, Chevalier fut ma tête de Turc. Je ne ratais pas une de ses interventions publiques qu'il ratait, lui, parfois. J'épluchais ses bouquins pour en extirper les pataquès, je daubais sur ses formules.

Et puis, un jour, quelqu'un — je ne sais plus qui — nous mit face à face. Il me tendit une main sans rancune ; mes mauvais sentiments fondirent. Nous devions rester amis jusqu'à la mort. La sienne.

Et comme je me rendis compte immédiatement que j'avais méconnu cet homme, je m'évertuai à rattraper le temps perdu. Je l'invitai chez moi. Il me convia souvent aux déjeuners si drôles et si détendus qu'il organisait périodiquement dans sa belle villa.

J'admirais enfin quelque chose de plus rare que l'érudition, de plus précieux que l'intelligence, de plus solide que le génie : le bon sens. Si pendant plus d'un demi-siècle Maurice Chevalier a incarné le Français idéal pour des millions d'étrangers, c'est bien sûr en raison de son indéniable charme physique, mais aussi à cause de son bel équilibre.

Je ne suis pas sûr que Maurice Chevalier ait été — au moins dans les dernières années de sa vie — véritablement heureux ; je suis à peu près certain, en revanche, qu'il a été merveilleusement malheureux. Il avait voulu cette solitude peuplée de familiers qu'il faisait rentrer sous terre d'un signe de la main. Il avait souhaité ces deux familles — les Paquet et les Vals — qui, tour à tour, prenaient le relais autour de lui, selon qu'il vivait en France ou qu'il parcourait le monde. Il avait réussi à préserver sa vie privée et à la dissimuler à tous les regards au fond de son jardin. Si l'on avait beaucoup écrit sur ses premières amours, les dernières furent d'une discrétion rare. Parfaitement conscient de sa notoriété internationale, il avait fini par atteindre cette simplicité grandiose qui n'est donnée qu'à certains souverains, au pape et à quelques artistes privilégiés.

Sur le tard, il était devenu une espèce de Victor Hugo de la chanson, capable de donner un avis autorisé (et raisonnable) sur toutes les disciplines. Les comédiens et les chanteurs venaient en pèlerinage à Marnes, comme les hommes politiques se rendaient à Colombey.

Chevalier se tenait au courant de tout. Plus à l'affût d'un nouveau talent que les jeunes gens, plus informé qu'un journaliste, il sentait venir les modes, les jugeait et émettait un verdict rarement injustifié.

Ses adieux au Théâtre des Champs-Elysées furent émouvants et définitifs. Cent fois les Américains lui proposèrent un pont d'or pour remonter durant quelques heures sur les planches. Cent fois il refusa courtoisement. Moi-même j'essayais vainement de le ramener, fût-ce pour un simple entretien, sous les projecteurs. Il tint bon. Et il en eut d'autant plus de mérite qu'il avait autant envie de reprendre du service que nous autres de l'applaudir de nouveau.

Je le rencontrais souvent l'après-midi sur les Champs-Elysées, flanqué du fidèle Félix, musant le nez au vent, salué respectueusement par tous les passants. Il allait chaque jour au cinéma et consacrait son dimanche après-midi au théâtre. Puis brusquement il disparut. Le malaise dont parlèrent les rares bulletins de santé était en réalité une attaque. Il se remit difficilement. Ce n'était plus tout à fait le même homme qui continuait à faire son footing sur les Champs-Elysées. Il avait maigri. Il traînait un peu les pieds en marchant et la petite flamme d'intérêt qu'il promenait naguère sur toute chose avait disparu.

Une crise d'urémie devait quelques mois plus tard l'emporter. Son agonie fut longue et publique. Il ne revint que mort et clandestinement dans cette chambre de sa villa où il avait tant médité.

A son enterrement, j'eus l'impression qu'il venait de mourir pour la seconde fois. En fait, il avait commencé à disparaître au soir de ses quatre-vingts ans, lorsqu'il avait renoncé à ses couplets.

Aujourd'hui, la villa devra sans doute être mise en vente pour payer les droits de succession. Les deux « familles » et la « vie privée » se sont égaillées.

Les refrains de Momo s'estompent déjà dans nos mémoires. Son œuvre ne tient plus guère de place dans les bibliothèques.

Il laisse néanmoins un souvenir, ce qui n'est pas à la portée du premier littérateur venu : le souvenir d'un homme à qui les femmes et la fortune sourirent et qui, avec peu de moyens, réussit tellement dans sa profession qu'on en arriva à oublier qu'il avait exercé une spécialité mineure ; le souvenir d'un homme qui, dans ses enthousiasmes et dans ses défauts, sut rester jeune jusqu'à un âge très avancé. Le souvenir d'une belle figure, au propre comme au figuré.

J'ai aussi un faible pour Georges Simenon. Sur le plan privé et culturel, il n'est d'ailleurs pas sans analogie avec Maurice Chevalier : la sûreté de son métier, son sens de l'organisation, sa solitude et ses adieux au public l'apparentent étrangement au grand chanteur disparu.

Comme toutes les belles mécaniques humaines, Simenon est un peu inhumain. Comme tous les créateurs, il est parfaitement égocentrique et ne considère le monde autour de lui que comme le principal matériau de son œuvre.

Il faut avoir vu Simenon vivre dans sa forteresse d'Epalinges, près de Lausanne, pour saisir toute la complexité du personnage. Démiurge de la littérature, le père des Maigret l'était aussi dans sa vie privée. Aujourd'hui que ses enfants se sont peu à peu éloignés, il vit très simplement dans le duplex d'une tour à Lausanne. Mais lorsque je fis sa connaissance, il régnait encore sur cette fabuleuse usine mi-littéraire, mi-domestique dont il avait lui-même conçu et dessiné les plans.

Servi par dix personnes, entouré de dispositifs de sécurité et d'interphones, Simenon s'était fait bâtir une maison sur mesure : deux bureaux de styles très différents — l'un pour écrire ses romans, l'autre pour les vendre — une immense salle de sports souterraine, une piscine couverte de dimensions olympiques, une salle à manger fonctionnelle communiquant par un guichet avec la cuisine, une salle d'opération même, pour les interventions bénignes. Et tout cela aseptisé, ignifugé, poli, propre, suisse en diable.

Plusieurs jours par trimestre, Simenon entrait en loge, entendez par là qu'il s'enfermait dans le « bureau de création » entre sa collection de pipes, ses crayons de couleur et sa machine à écrire. Tant que le manuscrit n'était pas terminé, il communiquait par des petits bouts de papier avec son entourage et on lui apportait deux fois par jour, silencieusement, un repas succinct sur un plateau.

Lorsque l'ouvrage était terminé, il ne réapparaissait d'ailleurs pas tout de suite. Il sonnait son chauffeur, faisait sortir la Rolls et se faisait conduire à Lausanne dans un de ces bars où il savait qu'il pourrait trouver une créature accueillante et pas compliquée. Comme d'autres écrivains s'offrent une croisière après avoir longtemps travaillé sur un livre, Simenon s'offrait — sans se cacher le moins du monde — une call-girl ou une prostituée. C'était sa récompense en même temps qu'un rite qui aurait inquiété ses proches s'il y avait manqué.

Simenon était parvenu à rationaliser sa sexualité comme le reste. Je me souviens parfaitement de notre première rencontre : j'étais jeune journaliste et, pendant un Festival de Cannes, je l'avais accroché un après-midi sur la Croisette. Très gentiment il m'avait entraîné jusqu'à une terrasse de café où l'attendait sa femme. Et là, en sirotant nos verres à petites gorgées, nous avions très agréablement bavardé. Et puis, au moment où j'allais enfin poser les questions importantes que j'avais préparées, une fille pulpeuse et dorée était passée devant notre table. Simenon avait relevé la tête, très intéressé. Sa femme suivit son regard, puis laissa tomber d'un air très naturel :

« C'est tout à fait ton genre. »

Cette anecdote me rappelle mon premier contact avec un célèbre académicien. J'arrivais de ma province — je veux dire de cette petite bourgeoisie parisienne qui est plus éloignée de certains plaisirs de la capitale que ne le sont les élites du Cantal ou de la Lozère. Pierre Brisson m'avait demandé d'aller interviewer l'immortel. Ce fut sa femme qui me reçut. Mon air innocent et la caution de Pierre Brisson durent la mettre en confiance :

« Mon mari n'est pas là, mais je vais essayer de trouver l'endroit où vous pourrez aller l'attendre. »

Elle feuilleta un agenda et me dit triomphalement :

« Voilà, j'ai trouvé. Cet après-midi, il est avec une dame !... »

Un quart d'heure plus tard, nanti de ce renseignement puisé aux meilleures sources, j'allai me poster à la sortie d'un meublé où je fis semblant de rencontrer par hasard l'écrivain.

Jeanne Moreau fait ses débuts dans la chanson. Elle n'avait jusqu'à présent susurré quelques fugitives mélodies que sur la scène de la Comédie-Française dans certains divertissements classiques.

La voix est juste, prenante et bien timbrée, mais la naïveté technique demeure grande :

« Au début de mes enregistrements, je me suis trouvée très gênée par la présence des musiciens. Je me disais tout le temps : « A quoi servent donc « ces gens qui jouent autre chose que ce que je « chante ? »

Jeanne Moreau a eu des démêlés judiciaires avec le producteur d'*Eva*. Ce financier de la pellicule avait eu l'idée de lui faire dire, par le truchement d'un énorme panneau lumineux installé au beau milieu des Champs-Elysées : « Mon film préféré, le rôle de ma vie. » Après trois semaines de palabres, le lumineux disparut enfin, mais la méfiance est restée :

« Désormais, chaque fois qu'un producteur désire utiliser pour la publicité d'un film mon opinion sur le travail que je viens de finir, je lui propose sans rire des formules de ce genre : « Le rôle que « j'ai le moins aimé » ou « Un rôle dont je me serais « bien passée. » Ils renoncent très vite...

J'ai été pendant quelques mois assez lié avec Robert Lamoureux. Au moins croyais-je à son amitié tant qu'il ne s'agissait que de faire appel à la mienne. Une certaine gouaille naturelle, un accent montmartrois prononcé et un anticonformisme bourgeois nous rapprochaient. J'admirais sa verve et sa faconde. Il appréciait une plume qui pouvait lui rendre des services dans différents journaux importants. Et puis, un jour, on me confia ma première émission de télévision. Naturellement, je pensai à Lamoureux pour en être l'invité d'honneur. Il acquiesça gentiment.

La chose semblait d'autant plus facile que nous devions tourner en extérieur dans un hôtel particulier loué pour la circonstance et situé — pure coïncidence — à cent mètres du domicile du père de *Papa, maman, la bonne et moi.*

Plus la date du tournage avançait et plus l'enthousiasme de celui que je m'obstinais à considérer comme un ami déclinait. Il n'avait pas bien digéré, il avait la migraine, un peu de fièvre, la grippe, des inquiétudes métaphysiques, une vieille tante de province qui venait d'arriver, une période militaire, que sais-je ?

Tous les prétextes défilaient, mais je prenais cette attitude pour un gag et je ne m'en inquiétais pas outre mesure.

Vint le premier des trois jours de tournage. Comme convenu, j'allai trouver Lamoureux. Il était encore couché. Cela n'allait pas fort. Peut-être pourrait-il se lever et faire les cent mètres qui le séparaient de notre studio improvisé. Dans le cas contraire il serait à l'œuvre le lendemain matin et il nous resterait encore deux grandes journées pour travailler ensemble.

Il ne parut donc pas ce matin-là, ni l'après-midi, ni le lendemain non plus. Je multipliai les allées et venues sans résultat. Tantôt il ne se sentait pas dans son assiette, tantôt il s'était souvenu qu'il avait d'autres engagements, tantôt il avouait une étrange langueur qui semblait s'opposer à toute forme de travail.

Mais cela n'était pas bien grave, puisqu'il nous restait le troisième jour sur lequel on avait bloqué toutes les séquences dont il avait été la vedette. Hélas ! le troisième jour se déroula exactement comme les deux premiers. Je veux dire dans une attente vaine.

Le producteur et le réalisateur à qui j'avais promis la collaboration de Lamoureux me regardaient d'un œil de plus en plus noir, et moi, je voyais mon « ami » avec d'autres yeux. Nous dûmes nous passer complètement de lui. Son nom disparut du générique en même temps que de mon cœur.

Mais je lui en voulais d'avoir trahi cette foi un peu juvénile et très innocente que j'avais mise en lui. Il était un des rares — peut-être le seul — comédiens que j'avais souhaité fréquenter à titre privé et je m'estimais très mal payé de retour. Je cessai évidemment de le voir sans pour autant le chasser de mon esprit. En fait, je pensais moins à lui qu'à ma vengeance.

J'attendis sept ans. Et puis, un beau jour, l'occasion rêvée se présenta. Après plusieurs insuccès personnels, Lamoureux avait repris du service dans une pièce de quelqu'un d'autre. Il jouait *Turlututu* de Marcel Achard au Théâtre Antoine. Trois petits actes un peu longuets qui n'avaient remporté qu'un succès d'estime. Or, il me revint assez vite qu'à chaque représentation Lamoureux ajoutait des mots, des trouvailles qui ne se trouvaient point dans le texte original et qui désarçonnaient les acteurs chargés de lui donner la réplique ; bref, qu'il y avait de plus en plus de Lamoureux et de moins en moins d'Achard.

J'allai rue de Courty signaler la chose à Marcel. Il en avait déjà eu vent, mais semblait s'en moquer. Je lui représentai la déloyauté du procédé (surtout huit jours seulement après la générale !). Son honneur d'auteur dramatique et sa dignité (toute fraîche) d'académicien n'étaient-ils pas en jeu ?

Comme j'avais assisté à trois représentations, je lui lus les bons mots apocryphes que j'avais notés à son intention. Deux jours plus tard, il était fin prêt et il clamait un peu partout que Lamoureux l'avait trahi et le ridiculisait. Certes, on ne pouvait nier que les boutades surajoutées fissent rire, mais à quel prix !... Cette efficacité-là était vulgaire et n'avait plus aucun rapport avec la pièce elle-même. Je fis tant et si bien qu'un soir je pus débarquer au Théâtre Antoine flanqué de Marcel Achard et d'un huissier et on l'avait chargé de comparer le texte original et celui que Lamoureux allait proposer au spectateurs.

Les différences sautaient à l'oreille la moins exercée. La pièce durait vingt minutes de plus que prévu. Achard accepta d'étaler publiquement son indignation. Je m'en donnai à cœur joie dans *Le Figaro* non sans conserver toutes les apparences d'une stricte neutralité.

Depuis ce jour, je n'ai plus aucune rancune contre Lamoureux. C'est lui qui m'en veut. Il doit être dit que nous aurons dorénavant entre nous une somme constante de haine différemment partagée selon les époques.

En 1964, on représenta avec un grand succès, sur la scène du Théâtre Daunou, une charmante comédie intitulée *Pepsie*. Elle était signée d'un certain Pierre-Edmond Victor parfaitement inconnu au bataillon des auteurs. Armand Salacrou crut reconnaître néanmoins la patte d'un professionnel chevronné et écrivit « qu'il ne pouvait s'agir que de l'œuvre d'un vieux routier ».

Pendant ce temps-là, toute la presse encensait Pierrette Bruno, la principale interprète, mais Pierre-Edmond Victor, lui, jouait l'homme invisible. On m'avait bien montré, le soir de la première, un grand monsieur brun qui s'enfuyait de dos, mais j'avais été incapable de voir son visage.

Faute de pouvoir faire parler l'auteur, je résolus de consacrer un papier à son interprète. J'invitai à déjeuner Pierrette Bruno. Pendant deux heures, elle me parla d'elle fort bien, avec cette petite pointe d'accent méridional qui met du piment dans les phrases les plus banales.

Je venais de régler l'addition. Nous allions nous séparer. Machinalement, je répétai pour la dixième fois cette question demeurée sans réponse, mais qui avait constitué le leitmotiv du repas :

« Alors, ce Pierre-Edmond Victor, qui est-ce ? »

Elle éclata de rire et me dit :

« C'est moi... »

C'était on ne peut plus vrai, mais ce fut à mon tour de paraître sceptique et de demander des explications.

Démangée depuis longtemps par le prurit littéraire, la charmante Pierrette n'avait pas osée signer sa première pièce. A l'aide de quelques prénoms puisés dans sa famille, elle s'était fabriqué un pseudonyme parfaitement opaque. Seule la Société des Auteurs était au courant.

Avec son accord, je révélai ce subterfuge le lendemain. Les confrères qui étaient sur la même piste s'étonnèrent. Je n'avais pas été plus astucieux qu'eux, mais je m'étais trouvé là au bon moment.

Depuis, l'expérience m'a prouvé que ce « bon moment » ne se produisait jamais au début de la conversation. Plus on attend, plus la chance de recueillir une confidence importante s'accroît.

Combien d'entretiens n'ai-je pas eus ainsi avec des interlocuteurs qui ne disaient rien d'intéressant pendant deux heures et puis qui, brusquement, sur le palier ou sur le trottoir, se décidaient à manger le morceau alors que je me préparais à revenir bredouille au journal !

Pierre-Edmond Victor n'a plus jamais fait de pièce. C'est un autre Victor (le rude pionnier de la salle Pleyel) qui s'est présenté — vainement — à l'Académie française. Pierrette Bruno, elle, a désormais le courage de ses actes.

VIII

QUELQUES jours avant sa mort subite à Monte-Carlo, je rends visite à Martine Carol chez elle, à Londres. Ce n'est plus Caroline chérie, c'est Lady Martine qui m'accueille. Elle habite, en bordure d'un jardin somptueux, un hôtel particulier tendu de velours précieux et truffé de meubles rares. Là, elle vit une existence enfin paisible avec son dernier mari, un promoteur immobilier richissime. Un maître d'hôtel qui semble échappé d'une comédie d'Oscar Wilde me conduit jusqu'à un boudoir où Lady Martine achève de poudrer un décolleté qui me rappelle — au moins en profondeur — celui de ses débuts tapageurs. Elle me parle très intelligemment de son ultime métamorphose, des mœurs britanniques auxquelles elle s'est parfaitement accoutumée, de cette vie luxueuse, douillette et feutrée qui est maintenant la sienne. A-t-elle renoncé de gaieté de cœur à tout ce qu'elle a tant aimé ? Au soleil, aux voyages, aux boîtes de nuit ? Apparemment. Mais elle a maintenant d'autres plaisirs très différents, plus délicats :

« Vous savez ce que je fais toutes les nuits ? Je me réveille vers trois heures, je mets mes pantoufles et je descends en chemise jusqu'au grand salon. J'allume toutes les lumières et, pendant au moins dix minutes, je regarde le Renoir que Mike m'a offert pour mon dernier anniversaire. »

Visite à Michel Simon dans sa villa de Noisy-le-Grand.

C'est une espèce de pavillon-zoo où œuvrent à longueur de journée Coco, Léontine et Lolita. Rien à voir avec des secrétaires ordinaires. Si leur fidélité est à toute épreuve, on peut déplorer que ces trois auxiliaires se mêlent tout le temps de la conversation. A peine le grand acteur a-t-il sorti une de ses boutades favorites que Coco lance : « T'as raison papa ! » Tandis que Léontine hurle, comme elle le fait toutes les trois minutes, les quinze premières notes de *La Marseillaise*.

« Léontine est irréprochable sur le plan du patriotisme, reconnaît Michel Simon, et j'ai très envie de l'emmener la semaine prochaine à l'Elysée où l'on m'a invité. »

Vous vous en doutez sans doute : Coco, Léontine et Lolita constituent la fine fleur de la gent à ergots. Coco, vice-président de l'Association amicale des merles des Indes réfugiés dans la région parisienne, poursuit en permanence une lointaine communication téléphonique :

« Allô... Qui est là ? Non, je ne suis pas libre. »

Quand Coco a terminé, c'est Léontine qui imite la sonnerie du téléphone. Quand la sonnerie se tait, les deux perroquets et le mainate éclatent ensemble d'un rire strident.

A côté de cette atmosphère étrange, le film d'épouvante consacré aux oiseaux par Alfred Hitchcock n'est qu'une petite bluette.

Je ne cite que pour mémoire la cinquantaine de chats — pensionnaires attitrés ou non — qui hantent cette maison construite par Gambetta et qui eut Alphonse Allais, Alfred Jarry et Georges Courteline comme voisins immédiats.

En repartant, je trébuche dans l'antichambre sur plusieurs caisses pleines à ras bord d'un matériel bizarre. Le créateur de Cloclo vient à mon secours :

« Ce sont mes outils de photograveur, mon premier métier. Je les ai toujours conservés en me disant que le jour où j'aurais assez du cinéma j'ouvrirais une petite boutique. »

« Bravo, papa ! » lance Lolita.

Une sonnerie de téléphone grésille dans la pièce à côté.

« Vous m'excusez, dit Michel Simon, mais il faut que j'aille décrocher Léontine. »

Lorsque je l'ai revu trois mois plus tard, c'était à l'occasion d'une émission de radio en direct qu'on avait organisée pour saluer la fin des Halles exilées à Rungis. Tous les piliers du quartier étaient là : mandataires, tenanciers de bistrot, hôteliers plus ou moins louches, bouchers et aussi amateurs de chair pas toujours très fraîche, tel que Michel Simon. Comme on s'y attendait, ce dernier devait au micro verser un pleur sur les péripatéticiennes du quartier qu'on allait ainsi réduire au chômage. Afin de faire plus complètement le tour du sujet, un de nos reporters, Gérard Pabiot, était allé interviewer une de ces dames sur son lieu de travail. Il l'avait trouvée altière, vêtue de cuir, bottée comme à Saumur et la cravache à la main. La confession se terminait par cette conclusion inattendue mais péremptoire :

« J'accepte tous les clients, sauf les magistrats, ils sont trop vicieux... »

Une autre fois, j'avais convié Michel Simon au studio de la rue Bayard. Il s'agissait de retracer son demi-siècle de carrière, et ceux qui avaient connu le grand acteur dans sa jeunesse avaient la possibilité d'entrer en contact avec lui sur l'antenne, grâce au téléphone.

La dernière interlocutrice fut une personne qui se présenta sous le nom de guerre de Mme Irma. Elle avait naguère dirigé un établissement florissant, rue Blondel. Ce fut attendrissant :

« Que de bonnes heures j'ai passées chez vous, chère madame, disait Michel Simon la larme à l'œil. Mais qu'est devenu votre établissement ?

— Hélas ! monsieur Michel, il est fermé...

— Comme c'est triste ! Et qu'a-t-on fait des meubles et des glaces ?

— Tout a été vendu, monsieur Michel.

— Comme c'est triste ! Et les petites, que sont-elles devenues ?

— Elles sont aujourd'hui mariées et mères de famille, monsieur Michel.

— Comme c'est triste ! »

J'eus beaucoup de mal à interrompre ce dialogue et ce qui se passa ensuite me valut la plus belle bordée de lettres de récrimination que j'aie jamais reçue.

A peine Michel Simon fut-il coupé de son interlocutrice qu'il renfourcha son dada : la réinsertion sociale des filles soumises. Et d'expliquer avec le plus grand sérieux qu'en province surtout elles devenaient généralement femmes de gendarme. Devant mon air éberlué, Michel Simon fournit cette ultime précision, qui devait le lendemain susciter la protestation du ministre de tutelle lui-même :

« Vous comprenez, les gendarmes sont chargés de toutes les enquêtes de mœurs. A force de faire des enquêtes et de soulever des draps, ils s'aperçoivent vite qu'en province les seules femmes propres sont des prostituées. Alors, dès qu'ils le peuvent, ils les épousent... »

Parfois, le rêve et la réalité se mêlent curieusement, surtout lorsque par amour de l'étrange et par goût de la mise en scène certains y ajoutent leur coup de pouce.

Par un vilain hiver, j'avais été chargé d'aller interviewer le fils de Conan Doyle dans le château qu'il habitait près de Lausanne. J'arrive à l'adresse indiquée vers huit heures du soir. Nuit noire compliquée d'un épais brouillard. Le taxi m'a laissé devant la grille, c'est-à-dire à un bon kilomètre du château. Je franchis en frissonnant les mille mètres qui me séparent de mon reportage. Je sonne. Un valet de chambre à lourds favoris et portant le gilet rayé me fait entrer dans un immense salon-bibliothèque que seul égaie le feu dans la cheminée. Il me demande mon nom, puis toujours aussi imperturbable, me dit :

« Je vais prévenir M. Sherlock Holmes. »

J'essaie de sourire. Je m'assieds sur un coin de canapé, vaguement inquiet, tandis que la lumière baisse peu à peu dans le salon. J'arrive tout juste à distinguer un grand bureau sur lequel on a placé des loupes et des pistolets.

Au bout de quarante minutes, la porte s'ouvre. Le châtelain entre. Il est habillé des pieds à la tête comme le célèbre détective. Rien n'y manque, même pas la casquette à pattes et à petits carreaux. Il me serre la main puis, s'effaçant pour me présenter un petit homme chauve et replet qui le suit :

« Naturellement, vous connaissez le docteur Watson ? »

J'acquiesce, de plus en plus troublé.

Pendant les deux heures d'interview qui vont suivre, je ne cesserai de m'enfoncer. Les deux hommes jouent à s'y méprendre, l'un le personnage du célèbre détective, l'autre celui de son indispensable *alter ego*.

On sert le thé. Je remarque deux petites balles de plomb au milieu du beurre. Le docteur Watson se penche vers moi et murmure :

« C'est sa plus déplorable manie. Il met toujours ses reliques criminelles dans le beurrier ! »

On me fait visiter le château. Toutes les pièces sont truffées de souvenirs de Sherlock Holmes. Dans certaines, on a même reconstitué des scènes particulièrement importantes. Ici, un cadavre en cire parfaitement imité. Là, sur un lit, une dame en chemise lardée de quatre coups de couteau. Quand j'ai pris congé dans la soirée, le brouillard était aussi dense dehors que dans mon esprit. Mais j'ai éprouvé un singulier soulagement à repasser la grille du château.

Et encore aujourd'hui, plus de dix ans après, je me demande si j'ai eu affaire à deux plaisantins, à deux fous, ou si je n'ai pas rêvé ce reportage après un dîner trop copieux.

Déjeuner chez Charles Aznavour à Montfort-l'Amaury.

La propriété est vaste et témoigne tantôt de la fantaisie, tantôt de la fortune de son occupant. Comme chez Gilbert Bécaud, le service est assuré par une femme de ménage qu'on appelle Mme Irène ou Mme Berthe. La piscine est somptueuse. La Rolls-Royce est toute blanche. Mais le maître de maison, sans doute saisi par la majesté rurale du lieu, insiste surtout sur la puissance de son tracteur et sur les possibilités de culture.

Après le repas, vient le moment des confidences. Aznavour ne dit que ce qu'il veut dire, mais il en dit beaucoup et intelligemment. J'éprouve, je ne le cache pas, une grande sympathie pour cet artiste doué, équilibré, mais que rien ne prédisposait à la célébrité internationale et qui a su retourner aussi efficacement un vieux complexe d'infériorité.

Aznavour, c'est la revanche éclatante de l'enfant malingre, du petit immigrant, de l'employé de bureau aux joues creuses. Ce physique, qui aurait pu lui nuire, l'a finalement servi plus qu'on ne le pense :

« J'ai d'abord inspiré la pitié avant de déclencher l'admiration. A telle enseigne que je n'ai plus le droit aujourd'hui d'avoir bonne mine. Pour chanter le malheur, il ne faut pas être trop replet. »

Aussi Aznavour surveille-t-il jalousement ses rides. Je le soupçonne d'exercer chaque matin ses zygomatiques afin de les entretenir ou d'en créer de nouvelles.

Maigrit-il d'un kilo ? Il saute de joie. Perd-il une touffe de cheveux ? Son succès augmente encore. Ce n'est qu'un détail, mais il me paraît révélateur : son chemisier et son tailleur truquent depuis vingt ans, grâce à de savants ourlets, ses emmanchures, afin de dissimuler une carrure trop importante pour l'idée que s'en font les dames et les demoiselles soucieuses de protéger le petit Charles.

Etonnant paradoxe : pour réussir, il a dû rétrécir ses épaules, alors que d'autres les rembourraient copieusement.

J'ai bien connu Fernandel. C'était aussi un personnage à la ville. A force de jouer Pagnol et les autres, il avait acquis une science du monologue et un génie de la répartie qui faisaient la joie de son entourage.

De temps à autre, lorsqu'il tournait un film, j'allais déjeuner avec lui au studio, dans sa loge où sa fidèle habilleuse lui mitonnait des petits plats méditerranéens.

Très riche, ayant depuis plus de trente ans judicieusement placé l'argent gagné dans des centaines de films dont il était souvent coproducteur, Fernandel vivait comme un bourgeois : appartement avenue Foch (pour laquelle il avait abandonné l'avenue Trudaine), maison de campagne, Cadillac noire avec chauffeur en casquette, qu'il utilisait beaucoup et longtemps car il était allergique aux transports aériens (c'est pour cette raison qu'il avait si peu répondu aux avances d'Hollywood).

Fernandel a été certainement un des acteurs français les plus connus, les plus abordés aussi, car le public traite les acteurs comiques beaucoup plus familièrement que les autres.

Lorsqu'il séjournait dans sa « bastide » de la Côte, les touristes arrivaient devant chez lui par cars entiers, à telle enseigne que le buraliste, en commerçant avisé, avait fait imprimer des cartes postales représentant la demeure de l'artiste (peut-être Fernandel, en commerçant non moins avisé, percevait-il une petite dîme sur cette activité).

Profondément épris de vie familiale, il sortait peu et ne profitait guère de ces occasions féminines flatteuses qui sont le lot des artistes, quel que soit leur physique.

Ce physique-là était d'ailleurs lourd à porter. A force d'avoir fait des grimaces, Fernandel en était arrivé à divertir ses contemporains même lorsqu'il ne le souhaitait pas. Je me souviens de sa confidence la plus émouvante :

« J'ai dû renoncer à aller aux enterrements de mes amis parce que les gens se tiennent les côtes dès qu'ils m'aperçoivent derrière un corbillard ou dans un cimetière. »

C'est également dans sa loge qu'un jour j'ai confessé Alain Delon. J'ai un faible pour Delon. Peut-être parce que j'envie son physique, sans doute parce que j'admire son courage, sûrement parce qu'il dégage une espèce de charme animal auquel il est difficile de ne pas être sensible.

Je l'ai connu voici longtemps, à une époque où il demeurait encore chez son imprésario, quai Voltaire ; comme j'ai été le premier à débusquer Jacques Charrier, dans un entresol sordide du quartier Latin, pour les besoins de sa première interview télévisée au moment de la sortie des *Tricheurs*.

On peut dire que ces deux garçons ont merveilleusement su monnayer leur physique, prendre leur distance avec la débauche et s'écarter de la bohème.

Charrier a fait un riche mariage et Delon a fait fortune en devenant une des vedettes les mieux payées du monde. Ce qui ne l'empêche pas de déjeuner très frugalement en période de tournage.

Il m'avait donc invité à partager ses sobres agapes. Quelques mois avaient passé depuis que sur les conseils de son avocat, maître René Moatti, il avait fait paraître une « Lettre ouverte au président de la République » qui devait — c'était un coup de poker dangereux mais réussi — décrocher enfin les policiers de ses basques.

Très librement, Delon m'a parlé de l'affaire Marcovic. Jamais il ne m'a dit qu'il était innocent. Je n'ai d'ailleurs pas commis l'incongruité de lui demander s'il était coupable. Il m'a raconté par le menu ses interrogatoires au Quai des Orfèvres ; les innombrables pressions dont il avait eu à souffrir et qui avaient parfois atteint son entourage ; le chantage que certains policiers lui avaient fait subir à propos de son fils l'avait bouleversé.

Mais il était tout de même content. Content d'avoir résisté physiquement et moralement. Content d'avoir tenu le coup pendant des heures face à des inspecteurs qui se relayaient sans arrêt. Content de n'avoir dit que ce qu'il voulait dire. Content d'avoir été le plus fort.

Le plus étonnant, dans cette affaire sordide et toujours inexpliquée, me paraît être le fait que Delon n'y ait nullement laissé sa réputation ou son standing. Bien au contraire. N'importe quel autre homme exerçant un autre métier aurait été coulé à jamais. Delon est sorti de l'affaire intact. Encore plus séduisant et avec des cachets en hausse. Peut-être parce que le public aime bien que les héros qui le font frémir à l'écran sachent parfois, pour leur compte, vivre aussi dangereusement. Quand on voit Delon dans une séquence policière, on sait que sous la fiction il y a pas mal de réalité.

Je me souviens d'une apparition qu'il fit un soir à l'Opéra, au plus fort des interrogatoires. Il avait passé six heures dans la journée à la police judiciaire et il devait y retourner dans la nuit, en sortant du Palais-Garnier. Il avait eu le temps et le courage d'endosser un smoking afin de parader devant deux mille paires d'yeux et bon nombre d'appareils photographiques, au bras de Mireille Darc, à peine crispé, avec sur les lèvres un sourire qui se voulait innocent.

La force de caractère n'explique pas tout. Les comédiens sont plus armés que les autres pour feindre les désespoirs qu'ils n'éprouvent pas ou pour cacher leurs tempêtes intérieures.

Trois ans avant sa mort, Coco Chanel souhaita faire ma connaissance. Plusieurs fois je fus invité à déjeuner par « Mademoiselle », au dernier étage de sa maison de couture, rue Cambon, qu'elle avait aménagé luxueusement en refuge personnel.

Généralement, il y avait là Jacques Chazot qui fut son dernier soupirant et un avocat auquel elle confiait, entre la poire et le fromage, son affaire quotidienne, car elle était horriblement procédurière. Sans oublier la fidèle assistante-secrétaire-dame de compagnie qu'elle terrorisait d'une façon très consciente et très cruelle.

Coco Chanel est une des personnes les plus méchantes que j'aie pu approcher. Une méchanceté rationnelle, lucide, sèche, sans appel qui savait à merveille déceler le ridicule ou trouver le défaut de la cuirasse.

Elle disait souvent des énormités que personne ne se serait permis de relever tant elle avait l'air d'avoir toujours raison : sa réussite exceptionnelle, son goût très sûr, la durée des modes qu'elle avait lancées ne donnaient-ils pas tort aux autres ?

Une fois pour toutes, elle avait divisé le monde en deux parties : le bon côté, le dessus du pavé avec elle-même, ses clientes et ses employés (elle n'avait pas d'amis au sens plein du terme) ; et l'autre, le *vulgum pecus* dans lequel elle enfermait aussi bien les cantonniers des Alpes-Maritimes que les autres grands couturiers.

Sa sympathie pour moi devait venir de ce qu'elle me croyait presque aussi méchant qu'elle. Je me gardai bien de la détromper. Et puis, elle comptait sur moi pour la rabibocher avec *Le Figaro* qui lui battait froid depuis plusieurs années.

Un jour, alors que je prenais congé et qu'elle me disait comme d'habitude, avec ce snobisme de la formule surannée qu'elle affectionnait : « Téléphonez-moi lorsque vous voudrez me demander à déjeuner. Je vous enverrai mon mécanicien... », elle ajouta qu'elle avait décidé d'offrir un de ses fameux petits « tailleurs » à mon épouse :

« Je me suis procuré ses mesures. Elle l'aura dans une semaine. »

Je protestai et remerciai tout à la fois. Très embarrassé, je racontai l'histoire, le soir venu, à ma femme. Bien sûr, le rêve de toute Parisienne, fût-elle femme de journaliste, est de posséder un de ces inimitables deux-pièces gansés de soie et doublés de chaînes.

Mais le moyen d'accepter un tel cadeau sans se compromettre ? Si elle avait proposé un prix de faveur, on eût pu s'interroger, mais le cadeau pur et simple n'était pas possible. Nous résolûmes donc que, lorsqu'il arriverait, nous ferions une belle lettre exprimant en même temps nos remerciements et nos regrets et que le paquet serait reporté dans la journée rue Cambon. La lettre était difficile à tourner. Je fis trois brouillons sans parvenir à une mouture satisfaisante. Mais, Dieu merci, « Mademoiselle » avait oublié son accès de générosité et on ne parla jamais plus du tailleur.

J'ai été, je dois l'avouer, assez souvent « menacé » de cadeaux somptueux. Je m'en suis toujours sorti au mieux, je veux dire sans les accepter et sans les regretter.

Une fois, ce fut François André, l'homme qui,

coiffé d'un panama en toute saison et tenant son parapluie bicolore comme un sceptre, régnait à la fois sur Cannes, Deauville, La Baule, Le Touquet, Aix-les-Bains et quelques cercles parisiens, qui me fit au sortir de table cette proposition :

« Je vous aime bien, toi et ta petite famille. Je veux faire quelque chose pour vous. »

Puis, pointant un doigt impérial non loin de l'Hôtel Hermitage, le plus beau palace baulois :

« J'ai là cinq mille mètres carrés en bord de mer, je te les donne. J'ajoute une somme qui te permettra de faire construire la villa de tes rêves. Rendez-vous demain matin chez le notaire. »

Je dormis mal cette nuit-là. Avais-je le droit de priver les miens d'une résidence secondaire, d'un petit paradis familial que je ne pourrais certainement pas leur offrir tout seul avant longtemps ? Mais si j'acceptais, ne serais-je pas lié d'une certaine façon par la reconnaissance ? Et François André ne pourrait-il pas s'imaginer avoir acheté ma plume ?

Le lendemain, au lieu d'aller chez le notaire, je repris la route de Paris sans un mot d'explication à François André. Je le revis la semaine d'après et très souvent pendant les six années qui suivirent. Jamais il n'évoqua sa générosité manquée.

Il est mort sans que je puisse savoir s'il avait compris mes scrupules, s'il avait regretté des largesses qui ne s'imposaient pas irrésistiblement ou si, tout simplement, le grand âge avait un peu altéré sa mémoire.

Louis Armand est certainement l'homme de science le plus humain que j'aie jamais rencontré. J'admirais son souci de se mettre à la portée de tous les interlocuteurs, non sans redouter que cette démagogie technique finisse par dénaturer son propos, par l'entraîner trop loin de lui en le rapprochant trop de nous.

Louis Armand qui débordait d'érudition et de chaleur humaine — deux qualités qui vont rarement de pair — pouvait prendre la parole n'importe où, devant n'importe qui et la garder pendant n'importe quel temps. On lui faisait un signe au début, qu'il ne ratait jamais, et un signe vers la fin, qu'il ne percevait pas toujours. Et pendant une demi-heure, une heure ou cent quatre-vingts minutes, le flot intarissable d'une éloquence merveilleusement documentée coulait.

Le plus extraordinaire était qu'il n'existait aucune cloison étanche entre toutes les disciplines dans lesquelles Louis Armand excellait. Il possédait cette grâce d'état intellectuelle donnée à quelques hommes seulement (André Malraux en bénéficie aussi) et qui permet de brasser toutes les connaissances en les mélangeant.

Vingt fois, je l'ai entendu partir d'une histoire de coccinelle qu'il affectionnait, pour en arriver à Napoléon Ier via la mécanique ondulatoire et l'art hottentot.

Entre deux séances à l'Académie (où aujourd'hui le cher Jean-Jacques Gautier le remplace), entre l'Euratom et la Fédération internationale des chemins de fer, Louis Armand sacrifiait à l'art d'être grand-père et au bricolage dans sa maison de Normandie. Là, dans son jardin dont il assurait avec le plus grand sérieux qu'il bénéficiait d'un microclimat tout à fait exceptionnel, il parlait de la nature à ses petits-enfants. Le moindre bruissement, la plus petite fourmi étaient prétexte à des digressions toujours savantes et souvent originales. Le soir, lorsque la nuit tombait, Louis Armand regagnait au sous-sol le petit atelier de bricoleur qu'il s'était aménagé lui-même.

Cet homme, qui avait dirigé la S.N.C.F., imposé sa loi à Polytechnique et régné sur l'Euratom, passait des heures à réparer sur un établi de fortune et avec d'humbles outils la prise de courant cassée par la domestique ou la pendule confiée par des amis.

J'ai bien peur que le moule de ces hommes-là soit cassé et qu'on ne rencontre plus à l'avenir d'humanistes de la science.

Visite à Charpini, petit retraité du travesti qui gîte dans un confortable cinquième étage du côté de la place Blanche. Il me reçoit gentiment sans avoir eu le temps d'enlever le tablier blanc qui lui ceint la taille. Brancato l'a quitté pour se marier avec une dame et s'est reconverti dans l'hôtellerie. Charpini, lui, désormais seul et sans emploi, mijote des petits plats et rumine des souvenirs :

« Quand j'étais jeune et que je téléphonais à un directeur de cabaret, il me répondait invariablement : « Venez donc me voir quand vous voudrez, « chère madame. »

Rien de plus paisible, au demeurant, que ce travesti retraité dans cet appartement propret. Mais la légende est tenace :

« Je ne sais pas exactement ce qu'on a pu raconter sur moi, mais les messieurs qui viennent relever le gaz tous les deux mois me regardent toujours comme si j'allais leur sauter dessus. »

Visite à Brassens. Derrière une porte peu connue et qui ne s'entrouvre pas souvent, Brassens vit là, au fond de l'impasse Florimond, un boyau si étroit que plusieurs raffinements de la civilisation et une certaine contagion de l'argent facile n'ont jamais pu y pénétrer.

Jeanne, septuagénaire alerte, aujourd'hui disparue, est sa logeuse au grand cœur. Gibraltar, le secrétaire-factotum, et Kafka, le caniche noir, complètent la famille. Brassens dispose au premier étage de deux pièces qu'il a meublées à sa guise, c'est-à-dire avec des dessins de copains, de bons livres et sa collection de disques. A cinquante ans, vedette au prestigieux passé, il mène là, volontairement, la vie d'un jeune homme qui n'aurait pas très bien réussi. Seul luxe : une DS l'attend devant la porte. Que fait-il de son argent ? Mystère. Le sait-il lui-même ? Autre mystère. Certes, il s'offrira plus tard une « petite campagne » à quelques dizaines de kilomètres de Paris et un appartement moderne bien à lui lorsque Jeanne aura abandonné ce monde.

Quand je le quitte, il est en train de se regarder dans la glace qui surplombe l'évier au-dessus duquel il se rase chaque matin :

« Je pense parfois que si j'avais eu la tête de Luis Mariano, cela m'aurait gêné dans mon répertoire... »

IX

Jeudi 8 juillet 1954. Dernier jour des concours du Conservatoire sur la scène de l'Odéon.

Je me fraie péniblement un chemin jusqu'à Annie Girardot, premier prix de comédie. Elle est là, toute simple, comme une petite pensionnaire — on chuchote déjà du côté de la Comédie-Française qu'elle le sera bientôt. Très émue, elle a certainement dû pleurer, à moins que son Rimmel ne soit de mauvaise qualité. Son maquillage achève de s'en aller sur les joues de sa famille. J'ai, devant moi, paraît-il, ce que vingt fois, tandis qu'elle « donnait sa scène », les connaisseurs ont nommé en s'ébrouant bruyamment sur leur fauteuil « une nature, mon cher, une vraie nature ! »

Un irrésistible courant l'emporte, d'où émergent des propositions de gala, des invitations à déjeuner. La foule stagne encore en bas, devant la sortie des artistes. On lui demande des autographes. Les premiers. Elle les donne consciencieusement. Il lui faudra étudier une signature plus rapide pour l'avenir. Et puis, avant de disparaître, elle adresse gentiment un petit bonjour amical aux camarades malchanceux qui restent maintenant tristement désemparés sur le bord du trottoir, leur petit balluchon à la main. Passagères vedettes de dix minutes parisiennes qui n'entreront peut-être plus dans ce théâtre qu'en spectateurs.

Débuts de Thierry Le Luron sur la scène du Théâtre de Dix Heures.

Depuis environ deux ans, je suis régulièrement inondé de lettres de ce jeune homme qui, photographies à l'appui, me propose de venir faire des imitations dans mon émission de radio.

Son extrême jeunesse (seize ans à l'époque), son physique fragile et, il faut bien le dire, ce patronyme qui ne fait pas très sérieux, m'ont toujours dissuadé de lui répondre.

Cette fois, je vais le voir. Je l'applaudis et je monte une photographie dans la cour de l'hôtel Matignon : on se procure une DS noire et le Tisot de M. Chaban-Delmas n'a plus qu'à prendre les mimiques de son illustre modèle.

En moins de douze mois, Le Luron arrivera à un vedettariat jamais accordé jusqu'à présent aux imitateurs, réalisant même la performance d'avoir plus de succès que certains des artistes qu'il a inscrits à son répertoire.

Nous vivons décidément à une époque où le simulacre, le faux-semblant et le second degré triomphent. Le faux talent prime le talent. Le pastiche l'emporte sur l'original, et l'on admire plus le copiste que l'artiste.

J'ai connu Henri Virlojeux quand il avait vingt ans. Nous déambulions ensemble dans la salle des pas perdus à la gare Saint-Lazare, tantôt en refaisant le monde, tantôt en cherchant l'âme sœur. Il jouait déjà, pour notre plus grand plaisir, les

Géronte. Enveloppé dans une ample cape noire, secoué de quintes (vraies ou fausses, je ne l'ai jamais su), il avait l'air d'avoir cent ans et nous imposait par ce biais-là un certain respect. C'est l'ami de jeunesse que je revois avec le plus de plaisir, peut-être parce qu'il n'a pas — et pour cause — vieilli d'un jour.

Les autres — les copains de classe, les camarades de régiment — me terrorisent. Chaque fois que je les rencontre, je crois voir ma propre image dans leur calvitie et leur bedaine. Je les avais connus au zénith de leur forme physique, sinon intellectuelle. Ils étaient toujours jeunes, parfois beaux, insouciants et fantaisistes, habillés par l'armée qui ne se pique pas d'élégance mais qui n'a pas son pareil pour gommer provisoirement les inégalités sociales, et je les retrouve vingt-cinq ou trente ans plus tard vaincus par la vie, par leur patron, par une épouse acariâtre, écartelés entre le souvenir d'un passé égrillard qui s'estompe de jour en jour et la perspective d'un avenir résumé par les programmes de télévision.

Pour un copain ancien cancre devenu ministre, combien de brillants sujets relégués à jamais dans l'obscurité d'un commerce de détail ou d'une petite administration. Quand nous nous croisons, ils me jaugent, soupèsent de l'œil mon costume et ma voiture, après quoi, rituellement, vient la conclusion proférée sur un ton plus ou moins amène :

« Eh bien, dis donc, ça va pour toi !... »

J'acquiesce évasivement en priant qu'on m'excuse. Oui, cette année n'a pas été trop mauvaise, mais le fisc me prend tout, et puis il y a les enfants, les réparations de la toiture. Bref, je pleure misère et j'essaie de renverser la vapeur en leur démontrant que, finalement, il ne faut pas se fier aux apparences et que je suis peut-être logé à la même enseigne qu'eux. Lorsque je réussis ma démonstration, j'ai le plaisir de les voir reprendre couleurs et confiance. Du coup, ils ne se plaignent plus. Cela ne marche pas si mal pour eux non plus. Ils ont de grands projets, la plupart du temps des héritages fabuleux (mais par alliance) en perspective. Ils finissent même par me plaindre d'œuvrer dans un monde aussi malsain. Lorsque l'entretien se prolonge, ils évoquent des anecdotes dont je ne me souviens plus du tout et me donnent par le menu des nouvelles de condisciples dont les noms ne me rappellent rien.

On se quitte en échangeant des cartes, en promettant de se téléphoner, ce qu'on ne fait jamais de part et d'autre, Dieu merci. Il est aussi vain de vouloir renouer avec son passé que d'essayer de rendre parallèles des lignes qui ne le sont point.

J'ai connu Adamo à ses débuts, c'est-à-dire lorsqu'il avait encore ses cheveux, des illusions, pas de femme, pas d'enfant et qu'il ignorait à quoi pouvait servir un couteau à poisson. Ce fils de mineur sicilien installé en Belgique était venu à Paris afin d'y connaître la consécration. Son triomphe à l'Olympia fut total et ne se limita bientôt plus à ses seules apparitions professionnelles. A minuit, trois cents « fans » lui emboîtaient le pas ou la roue afin d'aller monter devant son appartement parisien une garde d'honneur assez bruyante.

Adamo rentrait sagement se coucher sans s'occuper de ce remue-ménage, en ne réalisant pas très bien tout le tapage qu'on faisait autour de sa petite personne :

« Pendant des semaines, j'ai cru qu'à Paris il se mettait à pleuvoir chaque jour régulièrement vers minuit. C'est mon imprésario qui m'a expliqué par la suite que le liquide que je voyais descendre des étages supérieurs venait des voisins qui, réveillés dans leur premier sommeil, lançaient des seaux d'eau sur mes admirateurs. »

X

Je ne connais pas M. Marcel Dassault. Il évolue, au propre comme au figuré, à des altitudes qui ne sont pas à ma portée. Et les rares fois que j'ai pu le découvrir en chair et en os, il était tellement emmitouflé dans ses cache-nez que j'ai cru qu'il s'agissait de l'homme invisible.

J'éprouve donc à son égard, et de très loin, l'admiration circonspecte qu'on doit aux génies polyvalents qui ont gagné sur tous les tableaux.

Marcel Dassault me semble être la dernière réincarnation de Midas : tout ce qu'il touche devient immédiatement de l'or. Lui-même arbore depuis longtemps le teint jaunâtre de ceux qui se sont trop longtemps penchés sur le métal précieux.

Comme Jean Prouvost, il a la coquetterie de s'occuper de très près de ses journaux. En être le président ou le directeur général ne l'intéresse pas. Il laisse ces titres à d'autres pour se contenter (*sic*) d'une simple rédaction en chef.

Ainsi peut naître dans l'esprit insuffisamment renseigné du public ou de jeunes journalistes l'idée fallacieuse que l'on fait fortune dans ce métier et que les rédacteurs en chef sont tous plus ou moins milliardaires.

Je n'ai jamais travaillé pour M. Marcel Dassault,

d'une part parce que je ne me sentais pas attiré par ce genre de presse, d'autre part parce qu'il ne m'a sans doute jamais pardonné un article publié en avril 1959 dans *Le Figaro* et que j'avais intitulé « L'Oise prise d'assaut ».

Nous étions en période préélectorale et M. Dassault, déjà lui-même pourvu sur le plan parlementaire, avait fait son affaire personnelle de la candidature d'un certain docteur Natali.

J'avais été faire une enquête dans le département où la campagne battait son plein et je n'avais pu qu'enregistrer, dans le sillage du docteur Natali et de son richissime protecteur, une flambée de prospérité économique qui m'avait beaucoup séduit : banquets organisés à l'intention des notables ; installation de postes de télévision dans les hospices ; distribution de Mérites agricoles ; propositions pour la Légion d'honneur ; dons aux ouvriers, etc.

Le porte à porte du candidat avait été merveilleusement organisé. Lorsque l'électeur n'était pas chez lui — aux heures de loisir des grands industriels, le cultivateur travaille souvent aux champs — on ne laissait pas une carte de visite, ce message dérisoire privé de toute chaleur humaine ; on déposait discrètement, à l'intention du maître de maison absent, un de ces postes de radio à transistors que fabriquent maintenant en France certaines usines aéronautiques.

Des stations-service privilégiées avaient renié pour un temps Satan et ses pompes habituelles : on faisait le « plein » de certains réservoirs sans bourse délier. J'effectuai aussi la tournée des restaurants où il suffisait de signer l'addition au moment du pousse-café. Je vis les mairies qu'on repeignait grâce à l'infatigable générosité du « grand donateur » ; les cloches qu'on électrifiait dans les églises rurales ; les associations de boulistes, les amicales de sapeurs-pompiers et les cinémathèques gratifiées de chèques non barrés ; sans oublier les colis envoyés aux municipalités « à l'occasion des fêtes de Pâques » *(sic)* et à l'intention d'électeurs qui n'appartenaient pas forcément au monde de la « cloche », ni les petites pièces de joaillerie discrètement glissées dans la poche des nouveaux dignitaires de notre ordre national, les visites gratuites du Salon de l'aéronautique organisées — transport compris — à l'usage des « jeunes gens du département ayant brillamment réussi dans leurs études ».

Bref, la preuve que le paradis jusqu'à présent réservé aux seuls élus était enfin à portée de main des électeurs. Selon certaines rumeurs, on était même allé jusqu'à donner des moitiés de billets de banque, le complément devant être distribué le lendemain de l'élection.

Je suppose, si la chose est vraie — et elle me paraît un peu grosse — que la seconde moitié ne parvint jamais aux infortunés destinataires, puisque le docteur Natali fut battu à plate couture, non sans que son concurrent (que je ne connaissais pas plus que lui) ait pris soin de faire imprimer mon article sous forme de prospectus dont on distribua deux cent mille exemplaires.

M. Sylvain Floirat est, quoique presque aussi riche, d'une autre trempe. Porté sur les avions et l'audio-visuel, il est moins frileux et plus humain. Ses pataquès — vrais ou faux — sont célèbres. Il n'a pas son pareil pour venir au secours *(sic)* d'une entreprise en difficulté.

Prétendant n'avoir aucune culture (en dehors de son domaine du Périgord), il a parfaitement compris qu'au-delà d'un certain chiffre d'affaires on pouvait s'offrir toute la matière grise et toute l'érudition qu'on ne possédait pas soi-même.

Il trône dans un ex-hôtel des Maréchaux, près de la place de l'Etoile, derrière un bureau tout à fait exceptionnel, d'où il dirige ses cent huit sociétés. Sa table de travail de style Empire, bien sûr, s'allonge ou se rétrécit à volonté. Il n'a qu'à presser un bouton pour que se développe électriquement un dispositif de conférence susceptible d'accueillir de deux à vingt personnes.

Mêlé depuis un demi-siècle à la vie parisienne, M. Sylvain Floirat n'en a pas moins conservé son accent rocailleux d'origine. C'est plus fort que lui : cet homme-là ne peut rien perdre.

Le jeu et les joueurs ont tenu une certaine place dans ma vie. Je suis né dans une famille où tout le monde « cartonnait » plus ou moins et où la belote faisait partie des rudiments inculqués dès le jeune âge. J'ai suivi ces cours-là avec enthousiasme et, aujourd'hui, il y a très peu de jeux que je ne connaisse.

Le travail et la fatigue, plus que la raison pure, m'ont servi de garde-fou. Aujourd'hui, je joue beaucoup moins, un peu mieux, au poker seulement et avec quelques amis sûrs. Mais il n'en a pas toujours été ainsi. Entre seize et dix-neuf ans, je ne cache pas avoir tiré des cartes l'argent de poche que mes parents oubliaient de me donner. Quelques commerçantes nettement plus âgées que moi faisaient l'appoint lorsque je perdais. J'en ai à peine honte, vingt-cinq ans plus tard, car il ne s'est jamais agi là que d'une légère redistribution du capital qui s'opérait en douceur.

Durant mon service militaire, j'ai beaucoup joué. Et rituellement, chaque semaine, tous les mandats et toutes les soldes de la chambrée tombaient dans une seule escarcelle. Ce qui ne changeait pas grand-chose d'ailleurs, puisque le vainqueur avait à cœur d'inviter ensuite pendant six jours les vaincus.

En redevenant civil, j'ai découvert qu'il existait à Paris (jusque-là, il me fallait aller au bord de la mer pour donner libre cours à ma funeste passion) des cercles, assez miteux au demeurant, camouflés par des enseignes d'académies de billard et où l'on sacrifiait à un jeu à mi-chemin de la roulette et de la boule appelé « multicolore ».

Le spectacle était affligeant et, dans le meilleur des cas, le rapport nul. Imaginez une petite salle à gradins avec au milieu, éclairée crûment par des projecteurs, une table incrustée d'une vingtaine d'alvéoles à l'intérieur desquels une boule lancée par un monsieur chauve et hilare essayait de tomber ; placez quelques croupiers chargés de poser les mises sur le tableau et de rapporter, le cas échéant, les gains ; ajoutez une centaine de joueurs, représentants de commerce en goguette, proxénètes de bas étage, camelots en rupture de carrefour, et vous aurez une idée à peu près exacte de ce paradis à bon marché où j'allais chaque jour perdre deux heures et — ce qui est encore plus grave — le maigre pactole que me valaient des travaux sans gloire.

A l'entrée de la salle, un préposé notait soigneusement le nom de chaque client, l'heure de son arrivée et, plus tard, celle de sa sortie. Au bout de quelques jours, je me renseignai pour connaître les raisons de ce rituel. Le patron, qui m'avait à la bonne, m'expliqua que sa clientèle était tellement « mélangée » et condamnée à vivre d'expédients que, dans son intérêt comme dans celui de la police, il était bon de noter scrupuleusement le passage de chaque membre afin de lui donner — ou de lui refuser — plus tard un alibi.

J'ai fréquenté bien des tripots, bien des casinos. Jamais je n'ai eu, autant que place Clichy, l'impression de l' « abattoir ». Les malheureux habitués du multicolore — et d'autant plus intoxiqués par lui que la législation, dans son infinie sagesse *(sic)*, interdit les jeux moins dangereux à moins de cent kilomètres de Paris — ne pouvaient que perdre leur chemise élimée. Ils venaient chaque jour apporter l'argent qu'ils avaient plus ou moins honnêtement gagné comme une dîme, comme une offrande.

Lorsque — fait rarissime — ils gagnaient quelques jetons, ces derniers leur brûlaient les poches et ils n'avaient de cesse qu'ils les aient transformés en pourboires et en boissons que l'on consommait dans une pauvre allégresse, mélangeant ainsi pendant quelques minutes gagnants, perdants et personnel.

Il n'y a guère qu'en Angleterre, dans les salles de « bingo », que j'aie rencontré ce fatalisme ludique composé pour moitié de résignation sociale et pour l'autre d'abrutissement intellectuel. En fait, aucun d'entre nous ne venait véritablement là pour améliorer une situation qui, pourtant, aurait eu bien besoin de l'être mais dans le dessein subconscient de s'enfoncer davantage, de descendre d'un degré de plus dans le gouffre, de sentir la terre manquer à chaque instant sous ses pas. De temps en temps, on apprenait qu'un membre du club s'était suicidé de désespoir ou qu'un autre était en prison. Je me faisais des relations. Le père la Souris, roi incontesté des vendeurs à la sauvette, m'avait pris sous sa protection. Entendez par là qu'il consentait à m'emprunter parfois une petite somme qu'il me rendait ensuite très difficilement.

La veille de mon mariage, je pris la décision de me faire rayer du club et de ne jamais remettre les pieds dans cet antre. Je tins parole et j'allai ailleurs, dans des endroits plus relevés où je rencontrais une clientèle moins pouilleuse et des turpitudes identiques.

Les occasions se multipliaient, puisque je commençais à être au *Figaro* le spécialiste des plages et des stations climatiques. L'un de mes premiers reportages m'amena à Perros-Guirec. Le casino ne recelait qu'une malheureuse boule. C'est moi qui fus roulé. En trois jours, je laissai mon argent de poche personnel, la provision du journal, deux mandats télégraphiques réclamés à Paris sous des motifs futiles mais ingénieux, mes économies et, en fin de compte, le produit de la vente de ma voiture. Je dus rentrer en stop, n'ayant même plus de quoi m'offrir un billet de troisième classe.

L'année suivante, je passai mon mois de vacances avec ma petite famille à Bandol. Je découvris le chemin de fer, jeu de demeurés qui n'exige de ses pratiquants que l'exploit de savoir compter jusqu'à neuf. Tous les soirs, je retrouvais autour du sabot quelques nervis marseillais qui me tapaient très fort dans le dos pour me prouver leur sympathie, quitte à se partager, trois heures plus tard, le contenu de mon portefeuille.

Et ce fut ainsi pendant des années. Impavide et serein, je payais régulièrement mon tribut au Moloch des tapis verts, calmé seulement par la perte totale ; ne quittant jamais un casino avant celle-ci, persuadé que je ne pouvais me libérer de mes fantasmes qu'en abandonnant entre les mains des croupiers les quelques sous que le journalisme commençait à me rapporter.

Le rite était si fort que je ne débarquais jamais à Deauville sans faire le plein de la voiture (tout de suite après le pont de la Touques) et que je ne me présentais jamais à mon hôtel avant d'être allé au casino. Les jours où je perdais tout dès la première heure, je repartais comme j'étais venu, résigné — pour me mortifier davantage — à passer tout le week-end à Paris.

L'amitié de François André, le pape du jeu en France, ne me dissuadait pas tellement de commettre des imprudences. Quand il me rencontrait trop près d'une table, il me prenait par le bras en m'expliquant que le jeu était une cochonnerie, qu'on ne gagnait jamais un sou, que je devais d'abord penser à mon avenir, à ma famille et qu'il m'interdisait de risquer un franc chez lui. Je dois à la vérité de préciser que le cher homme, joueur lui-même comme il n'était pas permis, tenait ce raisonnement à la plupart de ses clients sympathiques et en particulier à ceux dont il était notoire que la morale ne les guérirait jamais de leur passion.

Je me modérai cependant. J'appris à quitter une salle de jeu avec un léger gain en poche. Je m'instruisis sur les rentabilités comparés de la roulette, du trente-et-quarante et de la banque à tout-va. Je restais parfois de longues minutes sans placer une mise, prenant des notes pour tenter de déterminer la périodicité des coups. (Je recommande d'ailleurs l'usage des martingales : elles ne sont bien sûr d'aucun effet puisque, selon la seule théorie valable, « tous les coups sont nouveaux », mais elles présentent l'incontestable avantage de ne pas vous faire jouer à chaque fois.)

Aux tables de chemin de fer, je me liais avec quelques gros joueurs qui m'invitaient dans les bons coups. Certes, je n'étais pas gagnant, mais je perdais déjà moins. Et puis j'observais les visages. Je distinguais ceux qui ne se contrôlaient point, qui perdaient leur salaire, leur capital ou la dot de leur femme en transpirant à grosses gouttes ou en grommelant entre leurs dents ; ceux qui s'imposaient le calme, conservant leur impassibilité dans un sort contraire ; les expansifs qui parlaient à tout le monde, multipliant les plaisanteries traditionnelles, et les Anglais hypocrites, ramassant l'argent du partenaire en disant « *sorry* ». Cette galerie de visages, souvent antipathiques, jointe au peu de chance que j'avais, me fit prendre moins souvent le chemin des casinos. L'installation d'une résidence secondaire à quelques kilomètres de Deauville devait me guérir complètement.

Le jour où je pendis la crémaillère, je réalisai que je n'étais plus un « touriste », mais un vrai Normand d'adoption, presque un paysan. Si je persévérais dans mes goûts funestes, je pourrais jouer cent jours par an. Il me fallait choisir entre le tapis vert et des pelouses qui allaient me coûter encore plus cher. Le gazon triompha. On ne m'a plus revu au casino de Deauville depuis que j'habite la région. Je vois les joueurs arriver par grappes, en cohortes, sans envie. Ils me paraissent appartenir à un autre monde.

Le jeu continue néanmoins à me passionner. Il constitue pour moi une espèce de « risque immobile », de raccourci du monde, de « digest » psychologique et économique d'une société, un terrain d'observation privilégié. Et puis, ce fut pour moi à certains moments un « accélérateur d'ambition ». C'était là une des théories (contraires à la précédente) que François André développait volontiers.

Il soutenait, et avec raison je crois, que dans une société industrialisée les besoins finissaient par l'emporter sur l'ambition. Il avait observé ses contemporains et s'était aperçu qu'à spécialités et lumières égales les joueurs réussissaient mieux que les autres. Il en avait déduit que, poussés par la nécessité, ils prenaient des risques auxquels leurs homologues plus sages n'auraient jamais consenti. Ce fut vrai pour moi qui, pour alimenter mon vice, dus surmonter ma paresse naturelle, multiplier les collaborations et écrire des livres.

La guérison n'est toutefois pas complète, puisque je sacrifie encore deux ou trois fois par mois au poker. Un jeu passionnant, dangereux, psychologique qu'il faut aborder en parfaite condition physique et morale, qui exige — c'est sans doute le seul — plus d'intelligence que de chance pure et qui offre de surcroît l'avantage de pouvoir se pratiquer entre amis sans qu'un tenancier de casino prélève son pourcentage.

La partie est souvent grosse, trop grosse — puisque nous ne pouvons, par définition, éprouver une émotion qu'en jouant au-dessus de nos moyens — mais si nous échangeons chaque fois des chèques importants, par suite d'une rotation assez régulière, les écarts sont minimes à la fin de l'année et ce passe-temps si agréable, qui permet de cimenter de grandes amitiés, coûte moins cher que le golf ou le cheval.

Je sais maintenant avec certitude qu'on peut juger les gens sur la façon dont ils se tiennent autour d'une table de poker. C'est un diagnostic qui ne trompe pas, mais qui revient parfois assez cher.

Les Bedford vous réconcilieraient avec l'aristocratie si d'aventure on était fâché avec elle. Lui garde son flegme en toute occasion. Elle pétule à longueur d'interview donnant — consciemment ou inconsciemment, je n'ai jamais pu le savoir — une caricature tout à fait réjouissante de la Gentry. Il faut l'entendre parler de ses soucis de maîtresse de maison à Woburn Abbey, de ses trois cents pièces et de ses cent vingt domestiques. Depuis que Leurs Grâces ont transformé leur domaine en parc d'attractions, ils n'ont plus jamais connu la solitude. Le soir, lorsqu'ils vont se coucher, épuisés, après avoir serré des mains, donné des autographes et posé pour des photos-souvenirs, il n'est pas rare qu'ils trouvent encore des touristes assis sur leur lit.

Cette reconversion-là, comme celle des La Panouse à Thoiry chez nous, est assez méritoire. On dirait que le XXe siècle a fait sortir les lions des armoiries afin de les installer dans les cages où ils pourront aider à redorer les blasons. Du coup, ces grands seigneurs recyclés dans le chapiteau se donnent l'illusion du « social » alors qu'en réalité ils reprennent leurs chères habitudes médiévales : afflux de « clients » aux sens latin et moderne du mot, prédominance du château à vingt lieues à la ronde, personnel aussi nombreux qu'au temps déjà lointain de la splendeur. Cette existence n'est pas rose tous les jours mais, puisque la survie du patrimoine est à ce prix, il ne faut pas chicaner sur les modalités du sauvetage.

Le duc de Bedford pratique maintenant une démagogie souriante qui pourrait facilement l'amener à troquer, si l'envie lui en prenait, sa stalle de la Chambre des lords contre les gradins de la Chambre des communes.

En quelques mois, il a remonté plusieurs siècles. La duchesse le raconte volontiers.

« A Méribel, nous avions loué un petit appartement pour quinze jours et je me suis remise à la cuisine, pour la première fois depuis vingt-cinq ans, puisque nous n'avions aucun domestique. C'est très réjouissant. Mais un soir, j'ai demandé au duc de couper le rosbif pendant que je finissais de préparer une sauce. Un quart d'heure plus tard, il était toujours immobile, le couteau à la main, devant le plat. Comme je lui demandai pourquoi il avait l'air si rêveur, il m'a répondu que c'était la première fois de sa vie qu'il voyait une viande pas découpée. »

Lorsque je passe quai Voltaire, j'ai toujours une pensée émue pour le marquis de Cuevas. Personnage ahurissant venu d'un autre siècle ou tombé d'une autre planète. Il fit de son existence, et parfois de celle des autres, un conte de fées financé avec l'argent des Rockefeller apporté en dot par sa femme. Entouré de bouffons platinés et de danseurs-gardes du corps, donnant le signal des applaudissements en hurlant sa joie devant sa propre troupe, il fut au beau milieu du XXe siècle un véritable petit souverain, roi incontesté du ballet, dernier mécène chorégraphique au monde depuis la disparition de Diaghilev.

Son duel avec Serge Lifar demeure, quinze ans après, un de mes souvenirs professionnels les plus hauts en couleur. Lifar avait tenu des propos désobligeants sur le marquis. Ce dernier lui envoya ses témoins et, de part et d'autre, on résolut d'en découdre. L'attente dura une huitaine de jours, durant laquelle le marquis rédigea son testament, prit des leçons d'escrime et donna quelques conférences de presse. Et puis, un matin à l'aube, après avoir alerté discrètement les journalistes amis et le commissaire de police, on se retrouva à Boulogne chez José Luis de Vilallonga. Le secret avait été si bien gardé que, lorsque les combattants arrivèrent sur un terrain vague de Neuilly où devait se dérouler la rencontre, une soixantaine de voitures suivaient déjà la leur. Comme la police priait les combattants de respecter la loi qui n'admet plus qu'on lave son honneur de cette façon-là, le marquis et Lifar remontèrent chacun dans leur voiture et la poursuite reprit, sur l'autoroute cette fois. A quatre-vingts kilomètres de Paris, les deux adversaires trouvèrent un jardin accueillant où, en cinq minutes, le marquis toucha par inadvertance l'avant-bras droit de Lifar. Les deux hommes s'embrassèrent aussitôt en pleurant à chaudes larmes.

Je revis le marquis quelques mois plus tard, moribond dans sa villa de Cannes. De l'encens brûlait dans la chambre, tandis qu'il égrenait pieusement son chapelet. Lorsque je pris congé, il se souleva pour m'embrasser puis, comme s'il s'avisait d'un oubli :

« Tu aurais dû venir avec un photographe, il aurait fait mon dernier portrait... »

Le soir, il était mort.

Arturo Lopez et Carlos de Bestegui appartenaient — le sens artistique en moins — à la même espèce fabuleuse de ces milliardaires internationaux, raffinés à l'extrême et menant un train de vie princier dans des châteaux plus ou moins historiques.

Celui de Bestegui, à Groussay, tenait le milieu entre le rêve de nouveau riche et le cauchemar de metteur en scène américain. Imaginez une bâtisse sacrifiant au XVIe siècle mais visiblement construite vers 1950. Essaimez, à travers le parc, des « Folies », une réplique du pont des Soupirs, des kiosques à musique, placez au centre du château une bibliothèque haute de quatre étages, ajoutez un théâtre à l'italienne de deux cents places aussi bien équipé que la Comédie-Française, saupoudrez de laquais à la française et vous n'aurez encore qu'un pâle reflet du décor où Carlos de Bestegui avait choisi de terminer ses jours.

Cette fin-là fut particulièrement sinistre. Sans famille, abandonné par ses innombrables domestiques, il expira seul, tandis que les bouchons de champagne annonçaient sa mort dans tout le domaine comme autant de coups de canon.

Le château que s'est offert Louis de Funès n'est pas mal non plus et ses trois cent soixante-cinq fenêtres sont d'époque, comme les armures et les douves. Il n'y a guère que le propriétaire qui apparaisse un peu comme un élément rapporté. Une certaine nostalgie de l'époque où la vache enragée constituait l'essentiel de son menu tempère un peu de son allégresse :

« Savez-vous qu'il y a des moments où je regrette mon deux pièces de la rue de Maubeuge ? Ce qu'on pouvait s'amuser en ce temps-là ! Il m'a fallu des années pour me payer un appareil qui donne de l'eau chaude. Cette commodité apparemment normale a tellement bouleversé mon existence qu'encore aujourd'hui, quand ma femme et moi nous voulons situer certains événements lointains, nous disons : « C'était avant l'eau chaude. »

Parmi les innombrables événements auxquels je me suis mêlé arbitrairement, figure le dernier mariage d'Henri-Georges Clouzot. Ce fut dans la petite mairie de Saint-Paul-de-Vence que le consentement des nouveaux époux fut reçu. Le nombre des journalistes provoqua une cohue mémorable, à telle enseigne qu'en sortant de la mairie Clouzot tint à reprendre la situation en main :

« Demain, nous nous marions à l'église. Je vous demande de ne pas venir à l'intérieur, mais je vous promets qu'à la sortie on vous refera autant de fois que vous le voudrez le « plan des alliances ».

Le plan ? Chassez le naturel...

Le hasard a voulu qu'un soir d'automne 1972 je passe en voiture sur les Champs-Elysées au moment où les premières flammes commençaient à lécher le building Publicis. En moins de vingt secondes — le réflexe journalistique devient de plus en plus puissant et rapide au fur et à mesure qu'on vieillit —, j'avais abandonné mon véhicule et je courais vers ce qui était encore un des immeubles les plus modernes de la capitale.

Marcel Bleustein-Blanchet, qui avait quitté son bureau quelques minutes plus tôt, se trouvait sur le trottoir. Je le rejoignis et ensemble nous attendîmes les pompiers. Lorsqu'ils arrivèrent, au bout d'un temps qui nous parut très long, ils ne purent, faute d'eau, mettre immédiatement leurs lances les plus puissantes en batterie et, en moins d'une heure, le petit sinistre né dans une boîte à ordures prit l'ampleur d'une grande catastrophe.

Les poings serrés, impuissant, cerné par une foule qui se comptait maintenant par milliers de personnes, Marcel Bleustein-Blanchet regardait s'en aller en fumée les efforts de toute une vie. Une fenêtre nouvelle s'embrasait toutes les minutes. Les flammes sortaient inexplicablement sur les trois façades et à tous les étages. Marcel Bleustein-Blanchet, un des hommes les plus puissants d'Europe, ne pouvait rien contre le feu. L'œil sec, il se bornait à répéter de temps à autre aux pompiers qui venaient le mettre au courant de l'état du brasier :

« C'était le plus beau drugstore du monde ! »

Jusqu'à deux heures du matin, les flammes épargnèrent par miracle son poste de commandement, situé au dernier étage de l'immeuble, dans lequel il avait regroupé sa collection d'autographes célèbres, ainsi que les souvenirs et les dossiers accumulés en quarante-cinq ans de publicité. Et puis, soudain, le toit s'effondra, tant il est vrai que le feu ne respecte rien ni personne.

Le lendemain matin à neuf heures, Marcel Bleustein-Blanchet était de nouveau là, mais cette fois avec des entrepreneurs et des architectes afin de parler reconstruction.

Je pense parfois à cet homme. D'abord parce que je l'aime bien, parce qu'il est un des plus clairement intelligents de ce siècle et que sa réussite est exemplaire, mais aussi parce que sa mésaventure prouve la fragilité de nos efforts. A quoi sert d'être l'ami des gens au pouvoir, d'être soi-même un personnage de premier plan, de brasser les affaires à l'échelle internationale et de compter par milliards lorsqu'une petite allumette de dix grammes peut changer autant le cours du destin ?

XI

Il est certain que la profession journalistique fait de ceux qui l'exercent des témoins privilégiés, des ayants droit sans aucun droit, des hommes qui vivent cinquante existences en une seule. Parfois, pourtant, le lecteur, l'auditeur ou le téléspectateur se trouvent aussi bien placés, voire mieux, que les gens qui sont en principe chargés de les informer.

Ce phénomène explique que mon plus grand souvenir concerne un événement auquel je n'ai absolument pas participé. C'est une série d'images qui ne s'effacera jamais de ma mémoire, dussé-je vivre cent cinquante ans : l'arrivée des premiers astronautes sur la lune, et plus précisément, après deux heures et demie du plus grand suspense qu'ait jamais vécu l'humanité, la lente descente du pied d'Armstrong tout au long de l'échelle reliant le LEM au sol de l'astre des nuits. J'ai eu immédiatement conscience d'assister à un moment capital de l'histoire de l'humanité.

Avec le recul il me semble maintenant que, si la portée symbolique de l'exploit demeure énorme, les séquelles pratiques sont bien décevantes. Lorsqu'on a commencé à parler sérieusement de la première expédition interplanétaire, j'ai pensé un peu naïvement qu'on allait ainsi remettre en cause les religions, la médecine, la biologie, la géologie, la chimie, la physique et bien d'autres disciplines.

La nuit historique, j'ai attendu — en vain — que se profile devant l'œil électronique de la caméra un monstre à vingt têtes sorti d'un cratère voisin. Les « Apollo » se sont succédés, les astronautes ont roulé en voiture sur le bord de la mer de la Tranquillité, on a rapporté des tonnes de pierres dont aucune jusqu'à présent ne paraît receler de minerai inconnu. Tout ce qu'on savait de la lune avant d'y aller s'est confirmé, sans plus. Nous restons, jusqu'à plus ample informé, les seuls êtres vivants et pensants de l'univers. Et du coup, nous nous retrouvons Gros-Jean comme devant, sans avoir avancé d'un iota dans nos angoisses métaphysiques. J'ai même l'impression qu'on a fait plus de découvertes importantes dans certaines grottes de notre vieil hexagone que là-haut, à trois cent mille kilomètres de Padirac, au milieu de ces galaxies qui ne nous réservent peut-être plus aucune surprise.

La lune est donc aussi ma plus grande déception. Une petite consolation dans tout cela : en dépit des efforts de la NASA, la fameuse tirade de Cyrano n'a pas pris une ride.

Le problème de Dieu reste entier et l'on ne peut pas dire que les hommes de science contribuent en quoi que ce soit à le faire progresser. J'ai demandé un jour à deux des plus grands savants actuels quelles étaient leurs conclusions dans ce domaine. Tous deux — Louis Leprince-Ringuet et Jean Rostand — m'ont répondu qu'il y avait autant de chances pour qu'il y ait un Dieu que pour qu'il n'y en ait pas, mais que de toute façon, s'il existait un grand ordonnateur de l'univers, ils n'étaient pas du tout certains qu'il nous considère comme ses enfants.

Ne trouvez-vous pas troublant que cette façon de

voir émane d'esprits suprêmement distingués qui ont été à même de faire la somme des grands travaux universels ?

Là encore, il n'y a aucun progrès. Nous raisonnons sur la foi comme au XVe siècle, puisqu'il continue à y avoir plus de certitude dans le cœur d'un curé de campagne que dans la cervelle des plus grands chercheurs de ce temps.

Jean Rostand avait accepté le principe d'un entretien de trois heures au micro, à condition que je vienne l'opérer à domicile, c'est-à-dire dans sa villa-laboratoire de Ville-d'Avray. J'ai visité presque tous les grands centres atomiques, des super-paquebots, des usines colossales, mais rien ne m'a plus émerveillé que la vieille cuisine désaffectée où Jean Rostand, depuis un demi-siècle, poursuit ses travaux et scrute ses grenouilles. Je ne connais pas d'installations plus pauvres que celles de cet homme dont pourtant tout le monde — sauf sans doute le ministre de tutelle — reconnaît l'honnêteté, la compétence et le génie.

Alors que n'importe quel petit laborantin opère dans des locaux ultra-modernes, le biologiste-académicien évolue au milieu d'éviers délabrés et de récipients innommables. Aucun autre auxiliaire visible qu'un brave homme qui se charge d'aller périodiquement pêcher dans certains étangs les « monstres » dont le savant analysera ensuite, pendant des mois, les caractéristiques génétiques.

Comme Jean Rostand n'a jamais caché sa façon de penser non conformiste aux pouvoirs publics (il n'a accepté un fauteuil sous la Coupole que par tradition familiale), il n'a pas droit à la manne des subventions. Encore heureux qu'on reprenne régulièrement le répertoire de feu Edmond Rostand. Paradoxalement, s'il n'y avait eu de longues années de guerre pour retarder la chute de *Cyrano* ou de *L'Aiglon* dans le domaine public, l'ermite de Ville-d'Avray ne pourrait aujourd'hui travailler pour la paix des hommes.

Je me demande parfois si les metteurs en scène confient des rôles d'emmerdeurs aux comédiens dont le sale caractère est notoire ou si les acteurs spécialisés dans la mauvaise humeur à l'écran finissent par être déformés à la ville. En tout cas, le fait est incontestable : ils ne cessent nullement de bougonner lorsque les projecteurs s'éteignent. Comme les scénarios qu'on leur confie leur donnent toujours raison, il leur est très difficile d'avoir ensuite tort, même lorsqu'ils sont privés du secours de leurs dialoguistes habituels.

Je prends deux exemples qui me paraissent significatifs : un soir, dans un garage et à l'occasion d'une manœuvre délicate, ma femme a été prise à partie par Lino Ventura. Ce qui s'est passé exactement n'a aucune importance, mais Ventura s'est conduit comme dans ses films. Troublant.

J'en arrive maintenant au personnage le plus difficile du cinéma français : Jean Gabin. Un homme malheureux, angoissé, aigri dans le succès (ce sont les pires) qui parle plus couramment l' « Audiard » que le français et qui, même lorsqu'il n'est pas payé pour cela, entend toujours avoir le dernier mot.

Nous étions pourtant arrivés à des relations presque amicales. J'avais été le rejoindre un dimanche sur le petit hippodrome normand construit de ses deniers, non loin de son élevage, et qui, une fois par an, accueille de vraies courses avec jockeys en casaque, parieurs et P.M.U.

L'article qui parut le lendemain dans *Le Figaro* avait eu l'heur de lui plaire. Deux mois passèrent et un de mes collaborateurs appela Gabin pour une courte interview sans importance. Evoquant je ne sais quelle phrase prononcée par moi à la radio et qui lui était restée en travers de l'oreille, Gabin dit pis que pendre au jeune journaliste qui lui téléphonait, allant jusqu'à mettre en doute — c'est un homme qui ne fait pas le détail — la pureté de mes mœurs, mon honnêteté et l'équilibre de mes facultés intellectuelles.

Informé de cette diatribe, dont encore aujourd'hui j'ignore le véritable motif, j'ai pris ma plus belle plume pour expliquer à M. Gabin qu'il ne fallait pas confondre mauvais caractère et caractère tout court, goût de la boutade et diffamation, qu'il avait très bien fait sa carrière sans moi et que je comptais mener la mienne sans lui à l'avenir. J'ajoutais qu'entre un individu chargé de recueillir les états d'âme de ses contemporains avec un stylo ou un micro et un quidam dont le métier consistait, après s'être fait étaler des kilos de maquillage sur le visage, à feindre des sentiments qu'il n'éprouvait pas et à proférer des phrases qui n'étaient pas de lui, un net avantage moral et intellectuel me semblait aller au premier.

Il ne m'a jamais répondu, mais je le connais assez pour deviner que, s'il n'a pas ma missive dans son portefeuille, il l'a néanmoins encore sur le cœur aujourd'hui.

Je me refuse à porter des chapeaux qui ne sont pas faits pour ma tête, mais on ne s'occupe pas toujours de mon avis. Ainsi ai-je eu un incident particulièrement désagréable avec une starlette nommée Michèle Mercier, une des plus grandes découvertes « épidermiques » du cinéma français.

J'étais un soir à Saint-Tropez en train de dîner avec mon vieux camarade André Pousse à la terrasse du Café des Arts, lorsqu'une furie que je n'identifiai pas tout de suite (et pour cause puisque je n'avais jamais vu un de ses films) vint vers moi, me gifla et repartit comme elle était venue, avant que j'aie eu le temps d'esquisser le moindre geste. La poursuivre eût été ridicule, aussi bien à travers le dédale des petites rues tropéziennes que devant la justice. Et puis, je ne savais vraiment pas pourquoi cette dame, dont je ne me souvenais pas d'avoir parlé, s'était livrée sur moi à des voies de fait.

Deux ans passèrent avant que j'aie le mot de l'énigme. En feuilletant — pour un tout autre motif — le classeur où mes articles sont répertoriés, je tombai sur une courte interview d'un producteur de cinéma qui, après avoir pendant un certain temps financé les exploits pelliculaires de la dame Mercier, s'était séparé d'elle et m'avait déclaré — ce que je m'étais empressé de reproduire sans commentaire, mais non sans malignité — que son ancienne vedette n'était qu'une péronnelle et que la nature l'avait beaucoup plus gâtée sur le plan de la poitrine que sur celui de la cervelle. Or, l'intéressée n'en avait pas tellement voulu à l'auteur de cette remarque désobligeante, puisqu'elle s'était, quelques mois plus tard, réconciliée avec lui. En revanche, elle avait reporté toute sa colère sur l'intermédiaire qui avait recueilli ces propos.

J'ai bien sûr rayé de mes tablettes la demoiselle à la main leste. Je m'étais même promis d'exercer pendant longtemps à son égard une vengeance par omission en faisant sauter son nom de tous les articles où il apparaîtrait. J'ai été très déçu : on n'en a plus parlé nulle part...

J'ai fait la connaissance d'Art Buchwald au dernier moment. Je veux dire à la minute précise où le célèbre chroniqueur du *New York Herald* quittait la France après un séjour de plusieurs années. J'étais allé l'interviewer afin de savoir quelle image il emportait de notre pays.

« Quand un journaliste interviewe un journaliste, c'est comme lorsqu'on danse avec sa sœur... »

Ce retour au pays, le joyeux Art n'était pas loin de le considérer comme un véritable exil :

« Vous comprenez, à Paris, je suis le seul Américain à faire une chronique régulière. A Washington, je ne serai plus qu'un des vingt mille journalistes de l'Etat. Ensuite, il est beaucoup plus difficile de faire de l'humour chez soi. D'ailleurs, Paris est une meilleure ville pour les étrangers que pour les Français. »

Fournisseur de cent quarante journaux différents, Art Buchwald ne peut pas choisir ses sujets à la légère. Il lui faut trouver des dénominateurs communs d'intérêt assez larges pour passionner également la ménagère de l'Oklahoma, le chimiste allemand et le paysan suédois. Après avoir tâtonné longtemps, il a fini par trouver la formule idéale :

« J'écris surtout sur ma famille. Ainsi je suis sûr de ne pas être à côté : presque tout le monde a une famille. »

Il me rattrape au moment où je vais repasser la porte vitrée sur laquelle, à la mode américaine, son nom s'étale en lettres grasses :

« Vous aussi vous devriez écrire sur votre famille.

Vous ne pouvez pas imaginer comme c'est commode ! »

Je lui ai assuré que j'allais mettre le soir même ses sages préceptes en application, en rédigeant le papier que je voulais lui consacrer. Puisque nous exercions le même métier et que moi aussi j'essayais de faire dans la fantaisie, n'appartenions-nous pas à la même famille, même si visiblement je ne pouvais passer que pour le dernier rameau de la branche pauvre ?...

J'ai bien connu le professeur Louis Pasteur Vallery-Radot, P.V.R. pour ses élèves, Sioul (l'anagramme de Louis) pour ses proches. Comblé d'honneurs (Académie française, Académie des sciences, grand-croix de la Légion d'honneur), il n'avait pas changé d'un iota son non-conformisme originel et sa façon de considérer un « Système » dont il avait tout obtenu sans jamais s'y intégrer. Profondément influencé par la vocation humanitaire de son célèbre grand-père, supporter inconditionnel de Debussy, P.V.R. appartenait à cette espèce aujourd'hui en voie de disparition des grands médecins humanistes.

Chez lui, comme chez le professeur Mondor, la science n'avait tué ni l'imagination, ni l'enthousiasme, ni la gaieté. Le jour de ses quatre-vingts ans, il m'avouait encore :

« Non, la vie ne m'a jamais déçu. Je la trouve d'année en année plus riche, plus désirable et plus mystérieuse. »

Il s'était fâché avec le général de Gaulle (qui l'avait ensuite fait « débarquer » du conseil de l'ordre de la Légion d'honneur) en refusant de prendre place dans un tribunal d'exception appelé à juger des procès où la politique se mêlait étroitement au fait divers. Son argument était simple :

« Je suis médecin. Je ne peux pas envoyer des gens au bourreau. Je suis là pour préserver la vie, pas pour l'ôter à mes semblables. »

De Gaulle ne pardonna jamais ce forfait à celui qui avait été pourtant pendant si longtemps son compagnon et qui était — géographiquement — le plus proche de lui.

Dans les dernières années de sa vie, P.V.R. avait cessé d'être un personnage officiel, mais il était devenu — situation beaucoup plus enviable — une autorité morale. On ne pouvait lui reprocher qu'un seul petit vice, assez peu répandu au demeurant : le professeur agrégé de médecine Louis Pasteur Vallery-Radot était aspirinomane. Depuis des années, il absorbait chaque jour afin de se maintenir en forme — et le résultat n'était pas contestable — une quarantaine de comprimés d'aspirine. Lorsqu'il partait pour un lointain voyage, il avait si peur de manquer de sa « drogue » favorite qu'il n'hésitait pas à emporter un millier de cachets.

Il aimait aussi beaucoup — mais cette tendance-là est plus répandue — les dames. Marié tardivement, il avait eu au préalable d'innombrables conquêtes. Naturellement, à chaque nouvelle passion, il devait trouver le moyen de mettre dignement un terme à l'ancienne. N'aimant pas les scènes, les drames, les pleurs et les cris, il avait imaginé ce stratagème : au moment de chaque rupture, il se faisait envoyer un télégramme ainsi rédigé : « Epidémie de choléra à Saint-Pétersbourg. Venez d'urgence. »

Chargé de bagages, harnaché de fourrures, il se faisait alors accompagner par la belle éplorée jusqu'au chemin de fer de ceinture, à la porte Dauphine. Trois minutes plus tard, il descendait à la station de la porte Maillot.

Je ne connais pas d'aventurier plus attendrissant qu'Auguste Le Breton. L'application qu'il met à parler l'argot, à l'écrire, à évoquer un passé sans doute beaucoup moins mouvementé qu'il ne le prétend, sa fidélité envers un pittoresque quelque peu anachronique (ne continue-t-il pas à appeler sa compagne « mon vieux soldat » ?), tout cela concourt à situer Le Breton très en marge des autres hors-la-loi de la littérature.

Il faut d'ailleurs les entendre parler les uns des autres. La solidarité corporative n'a aucune part dans ces conversations-là. S'ils profèrent très rarement des jugements littéraires, au moins contestent-ils avec une belle véhémence les « titres de gloire » des innombrables confrères qui, dans le sillage de Papillon, prétendent être passés directement du bagne aux librairies. A les entendre, la plupart de ces grandes gueules n'ont jamais vraiment fait de prison et ne se targuent que de « braquages bidons ». J'en ai même entendu qui prétendaient que Simonin et Le Breton s'étaient fabriqué de toutes pièces des casiers judiciaires. Lorsque, par hasard, ils admettent les titres pénitentiaires d'un concurrent, c'est en affirmant avec une moue dégoûtée qu'il s'agit là d'une vilaine affaire de mœurs ou d'une séquelle déshonorante de l'occupation.

Inconsolable de n'avoir jamais été forçat, Le Breton a fini par aller quand même à Cayenne, mais avec la bénédiction de son éditeur et sans autre boulet qu'un manuscrit à rapporter. Il en est revenu absolument ravi :

« C'est un pays qui me plaît. Tu tires à vue :

ce qui est blanc c'est des serpents, ce qui est vert c'est des araignées. Et puis on peut embaucher un *pistolero* pour cinq mille cruseros, c'est-à-dire pour sept de nos francs. Avec de tels tarifs on pourrait nettoyer Paris pour quelques thunes. »

J'ai rencontré plusieurs fois Henri de Monfreid, mais jamais pour le même motif. Tantôt c'était le pianiste amateur que j'allais interviewer, tantôt le romancier, tantôt l'explorateur, tantôt le peintre qui, dans son grenier de Touraine, avait rassemblé plusieurs centaines de ses toiles. La longévité d'Henri de Monfreid (tous les hardis bourlingueurs ne passent pas aussi aisément le cap des quatre-vingt-dix ans) n'explique pas à elle seule la production considérable de l'aventurier touche-à-tout. Monfreid est aussi un modèle d'organisation et de courage. Pour toutes les circonstances de la vie quotidienne, il s'est fabriqué une morale à part et un savoir-vivre qui ne ressemblent à rien d'autre.

J'ai eu un jour le privilège de le regarder préparer son départ en vacances. On a bien raison de dire que les navigateurs ne s'embarquent pas sans biscuits. Même lorsqu'ils roulent à bord d'une 3 CV. Monfreid, qui allait gagner l'Espagne par les « itinéraires *bis* », enfourna sous mes yeux dans son véhicule cinquante kilos de pommes de terre, une douzaine d'oignons, cinq kilos de sucre, quatre paquets de pâtes, deux kilos de riz, trente-deux boîtes de lait condensé, deux jerricans d'eau minérale, quatre livres de couscous, un kilo de lentilles, deux kilos d'échalotes et deux boîtes de pilchards.

Ainsi pensait-il pouvoir tenir en échec ses deux grands ennemis héréditaires : les vacanciers et les restaurateurs. Deux fois par jour, Monfreid arrête sa voiture sur le bord d'une route ou même parfois en pleine agglomération, démasque le réchaud qu'il a installé sous la banquette arrière et se met à confectionner paisiblement son frichti :

« Comme je suis en parfaite santé après ne m'être nourri que de poissons crus et de riz pendant cinquante ans, je me méfie de la gastronomie qui donne des ulcères et des infarctus. »

Pour comprendre le personnage d'Antoine Pinay — le plus étonnant destin politique et le Français le plus constamment populaire de la seconde moitié du XXe siècle — il faut l'avoir observé chez lui à Saint-Chamond.

Situé entre Lyon et Saint-Etienne, Saint-Chamond n'a rien d'une bourgade résidentielle ou d'une station climatique. C'est même, je dois l'avouer, une des villes les plus sinistres que je connaisse. Les manufactures, les H.L.M., les maisons bourgeoises et les édifices publics y dégagent le même ennui poisseux. La mairie domine l'ensemble de sa masse imposante et vétuste. C'est une mairie énorme, pleine de larges escaliers, de corridors sonores et de cabinets de travail aux boiseries surannées.

Le soir où je suis passé saluer le président Pinay, il y avait séance du conseil municipal. L'homme au chapeau rond, celui qui avait dirigé la France et qui constituait encore, vingt ans après, un augure irremplaçable en matière de finances internationales, débattait avec une trentaine de braves citoyens afin de savoir s'il fallait prolonger une conduite d'eau ou placer des compteurs de stationnement dans une rue.

Tous les quarts d'heure, il s'arrachait à la longue table recouverte d'un tapis vert et venait me dire quelques mots. Puis il replongeait dans la fournaise, assenait quelques remarques bien senties sans s'occuper de ce qu'on avait dit pendant son absence.

Quoi de plus étonnant que ce Français moyen entre les moyens, mais hissé au niveau des grands de ce monde par son bon sens, son réalisme et son courage ?

Avant quarante-cinq ans, il n'avait encore jamais tâté de la politique. Pendant vingt ans, il conduisit ses propres affaires comme les centaines de milliers de chefs d'entreprise que compte notre pays. Et puis, brusquement, il abandonna sa tannerie pour prendre en main la maison France, une vieille firme qui, mal gérée et surchargée de frais, était sur le point de sombrer.

Par la suite, Pinay s'est écarté du pouvoir, se désolidarisant d'un gouvernement aussitôt qu'il n'était plus d'accord avec lui sur les options essentielles. Ce trait de caractère explique sans doute que sa cote d'amour soit sortie intacte des vicissitudes que nous avons traversées.

Aussi, chaque fois que la France connaît une crise grave, l'homme au chapeau rond entre-t-il à l'Elysée par une porte dérobée afin d'apporter l'extrême-onction de ses conseils au chevet de la République. Dans toutes les chambres hexagonales où agonise un mourant, on parle de Pinay. C'est que son nom est indissolublement lié à un emprunt qui permet aux héritiers d'avoir un peu moins de chagrin lorsqu'ils perdent quelqu'un de cher, puisqu'on leur épargne ainsi les droits de succession.

Dans l'industrie cinématographique, Tati est un cas, par son talent, par son indépendance, par sa lucidité et par son caractère. Chaque fois qu'il tourne un film, il engage non seulement sa réputation, mais aussi sa maison de campagne, sa résidence principale, ses économies et sa voiture. Il fuit la foule, les combines, les producteurs véreux à gros cigare et les déjeuners d'affaires :

« A mon avis, on devrait instituer des contrôles antidoping à la sortie des principaux restaurants parisiens. Au-delà d'un certain nombre de bouteilles absorbées, les contrats signés par les convives seraient automatiquement annulés. »

J'aime bien Alain Bombard. Il a du tempérament, du panache, du courage et cette franchise des grands solitaires qui, habitués à parler seuls, ne savent plus dissimuler leurs secrets lorsqu'ils réintègrent le monde civilisé.

Faute d'avoir pris les brevets nécessaires, faute d'être un homme d'affaires avisé, l'infortuné Bombard n'a jamais tiré de son odyssée les avantages matériels qu'elle aurait dû lui apporter. L'aventure ne lui a laissé qu'une philosophie à l'abri de toutes les vicissitudes :

« Un soir, au quarantième jour de mon naufrage volontaire, j'ai bien cru que tout était fini et j'ai fait mon testament. La dernière page était consacrée aux recettes que je donnais aux naufragés pour passer le cap difficile. J'allais me laisser glisser quand, brusquement, j'ai été saisi d'un énorme fou rire en pensant à la tête que feraient les marins s'ils voyaient un jour arriver sur un radeau un mort avec des conseils de survie. C'est cela qui m'a sauvé ! »

XII

ON ne dira jamais à quel point Paris est un village. Il est difficile de s'y cacher. Il est impossible d'y avoir une vie vraiment privée.

J'ai appartenu un temps, lorsque je m'occupais beaucoup de spectacles, à l'Association de la Presse, du Music-Hall et du Cirque. Notre banquet annuel se tenait généralement dans un bistrot du XVIIIe, dont nous retenions toutes les tables afin de pouvoir accueillir la soixantaine de confrères participant aux agapes.

Or, une année, la patronne nous avait prévenus :

« Vous aurez l'établissement pour vous, à l'exception d'une table de deux couverts qui m'a été réservée depuis longtemps. »

Cela n'avait d'ailleurs aucune importance, puisque nous pouvions nous répartir sur les banquettes qui cernaient la salle et que les deux couverts en question se situaient au beau milieu, sur l'unique table centrale.

A l'heure dite, nous arrivâmes. Les deux « couverts » indépendants étaient déjà là : un noble vieillard de haute stature complètement chauve et, en face de lui, un marin d'une vingtaine d'années. Apparemment, les deux hommes n'étaient pas de la même famille, mais quelque chose d'assez puissant semblait les rapprocher, puisqu'en consultant la carte le vieux monsieur caressait gentiment la main du jeune homme...

Les soixante membres de l'Association — tous critiques ou courriéristes de spectacles — s'installèrent. Le vieux monsieur et son compagnon avaient choisi leur menu.

Nous identifiâmes alors le patriarche ami de la marine : c'était Jacques Hébertot, directeur du théâtre du même nom. Homosexuel assez notoire, mais d'une grande discrétion. Nous le connaissions tous personnellement. Chacun lui adressa un bonjour sonore qu'il nous rendit, de plus en plus troublé, sans avoir la présence d'esprit d'abandonner les doigts du matelot.

Quand il eut enfin réalisé qu'il allait être pendant deux heures, avec son mousse, notre point de mire, il appela la patronne, lui parla à l'oreille, réclama son vestiaire et partit.

Il est mort l'année d'après.

D'autre chose...

Le Figaro et Sacha Guitry étaient au plus mal lorsqu'on me délégua un jour au théâtre des Variétés, où l'auteur de *N'écoutez pas, Mesdames* faisait jouer sa dernière pièce. Je ne sais ce qu'il y avait eu exactement entre Pierre Brisson et Guitry. Sans doute le premier, alors qu'il était le redouté critique dramatique du *Temps*, avait-il sévèrement étrillé le second. Toujours est-il que le grand Sacha figurait en tête de la fameuse « liste noire » et qu'on n'en parlait guère au Rond-Point, si ce n'était pour le fustiger de temps à autre.

Dûment chapitré par les anciens du journal qui

m'expliquent la conjoncture, je débarque dans les coulisses. On m'a demandé un rendez-vous. Il m'a été accordé. Je dois donc monter en première ligne. Lorsque j'arrive, le secrétaire de Guitry, Stéphane Prince, me chapitre :

« Surtout n'oubliez pas de l'appeler maître ! »

Je promets. J'entre très intimidé sur la scène où m'accueille Guitry, chapeauté d'un panama qui s'orne d'un ruban à pois. Une Légion d'honneur énorme, comme on ne les porte plus qu'à la Comédie-Française lorsqu'on joue certaines pièces de Flers et de Caillavet, garnit sa boutonnière. Un triple collier d'ambre pend autour de son cou. Mais ce sont surtout les mains qui me fascinent : longues, décharnées, admirablement mises en relief par des manchettes démesurées, alourdies à leur extrémité par une chevalière qui me paraît avoir la taille d'un œuf de pigeon.

Stéphane Prince fait les présentations :

« Maître, voici le jeune reporter du *Figaro.* »

Le maître me toise sans bienveillance :

« Alors, c'est vous qui venez m'esquinter ? »

Je suis tellement troublé que j'en oublie la consigne :

« Oh ! monsieur !...

— Vous voyez bien », dit Guitry, que ce vocatif vulgaire exaspère au plus haut point.

Et il fait signe à Prince que l'entretien est terminé.

Je regagne le journal assez piteusement. Un mois plus tard, j'apprends que Sacha Guitry tourne du côté de Pacy-sur-Eure *Napoléon,* un film historique qui requiert la participation de nombreux figurants. Voilà le prétexte que j'attendais pour approcher de nouveau le maître. Grâce à un copain « artiste de complément » professionnel, je prends contact avec le régisseur de la production. Huit jours plus tard, on me convoque, je signe quelques papiers et avec plusieurs centaines de « collègues » je me retrouve en pleine campagne dans une cour de ferme où l'on me déguise hâtivement en officier autrichien. Sanglé dans mon uniforme blanc avec ma perruque poudrée à frimas et la grosse paire de moustaches qu'on m'a collée sous le nez, je suis méconnaissable. Le tournage est prévu pour midi. A onze heures, nous sommes tous alignés sur ce qui va se transformer, par la grâce du septième art, en champ de bataille. Et le généralissime — je veux dire Guitry — passe la revue, afin de s'assurer qu'il ne manque pas un bouton de guêtre et que ses troupes feront bonne figure devant la caméra. Nous sommes environ cinq cents au coude à coude. Il passe sa revue sans dire un mot. Et puis, soudain, il s'arrête devant moi, me désigne du doigt et se tourne vers un de ses aides de camp :

« Pas celui-là, il est trop ridicule. »

J'en ai les larmes aux yeux. Le régisseur qui a du cœur et qui ignore mes véritables objectifs professionnels, essaie de me remonter le moral :

« Reste quand même, on te mettra au troisième rang, personne ne te verra. »

Mes débuts au cinéma furent donc extrêmement modestes, mais le soir même je rentrais à Paris avec mon « papier ». L'honneur était quand même sauf.

Ma dernière rencontre avec Guitry eut lieu à l'Opéra, quelques semaines avant sa mort, pour la présentation de *Si Paris nous était conté*. Le maître apparut le visage émacié, mangé de barbe. Son secrétaire poussait la chaise roulante dans laquelle on l'avait installé. A l'entracte, une brillante cohue cerna la petite voiture. Un ministre se pencha pour demander un rendez-vous. Le maître consulta son producteur, Clément Duhour, du regard :

« Votre médecin permet.

— Eh bien, rétorqua le malade, c'est qu'il ne m'a pas consulté ! »

Ce fut le dernier mot que j'entendis tomber de ses lèvres spirituelles.

J'ai beaucoup regretté de n'avoir pu approcher Guitry que clandestinement et dans les plus mauvaises conditions. Ce personnage fastueux, capable de générosité jusqu'à déployer des trésors d'esprit pour un seul machiniste, me fascinait. Dans la vie, il était continuellement en représentation. Il n'était simple que sur une scène.

Son ultime sortie eut lieu une nuit de juillet 1957, après une longue et douloureuse agonie. Pendant près de trois semaines, les journalistes battirent la semelle sur le trottoir de l'avenue Elysée-Reclus en attendant (de moins en moins patiemment) un dernier soupir qui méritait la première page.

Ce genre de reportage, imposé par le culte de la notoriété et un certain goût morbide du public qui se délecte à la pensée que les grands de ce monde n'échappent pas au sort commun, est plus proche de Borniol que d'Albert Londres. Rien de plus déplaisant qu'un croque-mort, fût-il muni d'un stylo, qui se présente plusieurs jours avant le décès.

J'ai connu quelques confrères qui, dans cette même perspective macabre, ont suivi Edith Piaf pendant six mois. Chaque soir, ils étaient au premier rang, le Leica vissé à l'œil, espérant qu'elle s'écroulerait sur la scène.

Le journaliste croque-mort est un reporter plutôt rigolard et qui carbure, comme le veut sa spécialité, à la bière. Pour tromper son attente, il invente des « derniers mots ». Le jour J, lorsque le médecin vient de constater le décès, il n'a pas son pareil pour faire parler les domestiques, l'infirmière et l'embaumeur. Grâce à lui, il n'est aucune convuslion importante, aucun spasme célèbre qui ne tombe dans le domaine public. La dignité ne revient qu'aux enterrements.

A celui de Guitry, aucun représentant des pouvoirs publics n'avait jugé bon d'assister, ce qui permit à Marcel Achard de s'écrier devant le cercueil du défunt :

« Notre gouvernement ne ressent pas la perte que nous avons faite ! En France, on ne prend pas les poètes comiques au sérieux. Les gouvernements non plus, Dieu merci... »

J'ai enterré, entre autres, le compositeur Sibelius à Helsinki, le roi Haakon de Norvège à Oslo, Mistinguett en l'église de la Madeleine et Edith Piaf au Père-Lachaise. Cette dernière cérémonie faillit tourner à l'émeute. Toutes les tombes avoisinantes furent piétinées. On évacua les blessés par dizaines. Et qu'on n'aille pas parler de ferveur populaire ! La foule qui était venue là en plus grand nombre encore qu'à l'Olympia, parce que au Père-Lachaise on ne paie pas, se bouscula surtout pour lorgner sous le nez le jeune veuf, à regarder au passage les gloires de la scène ou de l'écran.

Triste cérémonie. Mais moins lugubre, à bien y réfléchir, que celle du dernier mariage de la grande Edith. J'en étais aussi, évidemment. Je n'oublierai jamais le spectacle de cette moribonde difforme, sans âge, et que menait vers le prêtre orthodoxe, sous l'averse traditionnelle de grains de riz, un jeune coiffeur brun au regard trouble.

Décidément, je ne serai jamais de ceux qui pensent que le fameux fossé entre les générations n'existe pas, puisque, de par le vaste monde, des jeunes filles accortes sont toujours disposées à faire le bonheur des vieux messieurs, tandis que des garçons pleins de fougue se pâment d'amour pour des douairières. Il y a des cas où l'indifférence me semble une vertu.

Je pense sincèrement qu'on ne peut comprendre les représentants des différentes corporations qu'à la condition de s'être sali pendant quelques jours les mains en leur compagnie.

J'ai ainsi été facteur auxiliaire pendant une grève des P.T.T., apprenti pâtissier (pour pénétrer clandestinement dans la villa de M. Khrouchtchev à Genève), croupier à Monte-Carlo et garçon de salle dans un hôtel en Bretagne. Toutes expériences qui m'ont permis de rapporter des enquêtes circonstanciées et des réflexions prises sur le vif, mais aussi et surtout de saisir les difficultés de certaines professions.

C'est un exercice qu'il faudrait conseiller aux clients. On ne parle plus de la même façon aux maîtres d'hôtel si on a essayé à son tour de porter dix assiettes pleines à la fois. Aucun métier n'est facile. Aucun travailleur ne mérite d'être traité cavalièrement. Plus la tâche à accomplir est manuelle, plus elle est pure et noble. Voilà ce que m'a enseigné d'une part la fréquentation des intellectuels et de l'autre l'observation minutieuse des ouvriers, des artisans et des paysans. Encore que, dans ce dernier domaine, j'aie surtout étudié la culture du navet.

Ce légume peu flatteur me semble symboliser exactement mes différentes tentatives cinématographiques. La première fut un essai de comédien. Un brave producteur qui s'était entiché de moi, parce que j'avais dû écrire du bien de lui, me persuada un jour de tenir le rôle du jeune premier dans un film à petit budget intitulé *Vacances explosives.* Il s'agissait d'une histoire assez bébête de jeunes mariés à qui des trafiquants faisaient transporter de la drogue (en 1956 déjà !) à leur insu. J'étais donc le jeune marié de l'histoire. Rôle écrasant. Pendant trois semaines, ma vie fut d'une inanité totale. Je me levais le matin vers dix heures. J'étais au studio à midi. On me maquillait. A treize heures je me mettais en pyjama et je me couchais dans le lit qu'on avait installé au beau milieu du studio. Là, jusqu'à dix-huit heures, devant deux cents personnes dont certaines affalées sur les couvertures, je devais mimer des scènes d'amour plus ou moins comiques. A dix-neuf heures, épuisé, je me rhabillais, rentrais chez moi, me remettais en pyjama et me recouchais aussitôt.

Quand il fallut tourner les « extérieurs », nous partîmes pour les Martigues où le scénariste avait situé la fin de l'action. Ma voiture de l'époque — un gros cabriolet américain décapotable — était également du voyage, car on l'avait engagée en même temps que moi pour servir de véhicule aux bandits (mais moyennant un cachet beaucoup plus élevé que le mien).

Afin d'éviter des frais, le producteur avait eu l'idée géniale de recruter les petits rôles sur place. Ainsi, n'avait-on pas fait appel à une actrice venue de Paris pour tenir le rôle de l'aubergiste, qui devait très simplement déposer devant Robert Vattier une assiette de potage en déclarant :

« N'est-ce pas qu'elle est bonne ma soupe au pistou ? »

Solution de facilité et économie de bouts de chandelle ! La scène qui aurait dû normalement être

« mise en boîte » en deux heures s'étira sur quatre longs jours, car l'aubergiste — une vraie — qu'on avait chargée de la réplique se trompait sans arrêt. Le clou eut lieu à la fin du quatrième jour, lorsque la brave femme dit pour la première fois sans y changer une syllabe la phrase du script. L'ennui c'est qu'elle y ajouta le nom véritable de l'acteur auquel elle s'adressait :

« N'est-ce pas qu'elle est bonne ma soupe au pistou, monsieur Vattier ? »

Ce soir-là, on renonça définitivement à cette séquence. Le film ne fut pas célébré par la critique comme un chef-d'œuvre. Le metteur en scène ne fit jamais plus rien. Ma partenaire abandonna le cinéma dans les semaines qui suivirent et, moi-même, je n'ai reçu depuis ce jour aucune proposition similaire.

Plus tard, je fus dialoguiste de plusieurs films dont *Guerre secrète* et *Moi et les hommes de 40 ans.* Je pus ainsi voir de près comment fonctionnait (ou plutôt comment ne fonctionnait pas) le cinéma français. Jusque-là, je me demandais pourquoi un film coûtait aussi cher. Lorsque je vis de près le temps qu'on perdait et le nombre de gens plus ou moins incompétents qu'on engageait pour faire un même travail, j'eus une illumination : rien n'est logique dans cette industrie-là ! Ni la distribution qu'on fait au petit bonheur en jetant des noms au hasard et en compulsant les annuaires du spectacle, ni la rédaction du scénario qu'une dizaine de personnes tripatouillent jusqu'à le dépouiller de toute vraisemblance, ni le tournage durant lequel ce qui prendrait normalement une minute coûte trois heures d'efforts désordonnés.

Je travaille assez vite. Je mis donc un point d'honneur à livrer la première partie de mon dialogue un mois avant la date prévue. Grossière erreur ! Impardonnable maladresse ! Le producteur trouva très mauvais tout ce que j'avais ainsi écrit. J'en parlai à mon vieux complice Michel Audiard qui m'expliqua qu'il fallait toujours donner l'impression d'œuvrer dans la douleur. Plus on met de temps pour écrire et plus le producteur est persuadé qu'on ne lui vole pas son argent. Par la suite, j'ai donc continué à écrire aussi vite mais, lorsque le dialogue était terminé, je le rangeais pendant plusieurs semaines dans un tiroir, me faisant longuement tirer l'oreille avant de procéder à la livraison.

Moi et les hommes de 40 ans ne fut pas un succès mondial. Dany Saval trouva là son dernier rôle au cinéma ; le metteur en scène Jack Pinoteau son dernier film et moi mon dernier dialogue.

Je pense que vous avez déjà compris les services inestimables que je peux rendre au septième art. Vous me faites travailler avec des gens dont vous désirez vous débarrasser définitivement ; vous n'êtes jamais déçu : ils ne s'en relèvent pas...

Rien de plus révélateur que les coulisses durant un spectacle. Dans le feu de l'action, au milieu de l'excitation que leur procure le contact avec le public, les artistes se montrent sous leur vrai jour, c'est-à-dire pas toujours à leur avantage. La nervosité est leur commun dénominateur. Et comme à ces heures-là, dans ces lieux-là, il n'y a auprès d'eux que le « petit personnel », c'est sur les habilleuses, les machinistes, l'accessoiriste ou le régisseur qu'ils passent leur mauvaise humeur. Certains, comme Michel Sardou, n'entrent en scène qu'après avoir découvert autour d'eux une croix. D'autres touchent des amulettes, prononcent des lambeaux de phrases rituelles, fuient la couleur verte et garnissent leurs poches d'objets fétiches évoquant généralement leur premier succès.

Fernand Raynaud a l'habitude de faire de vraies « sorties » pendant son tour. A la faveur des applaudissements, il court derrière un portant, là où il sait que sur une petite table on a préparé son vin blanc favori. Il en consomme environ un litre à l'heure. Son angoisse d'amuseur est telle qu'il ne peut souvent pas la dissimuler aux spectateurs qu'il en arrive à invectiver, s'il repère dans l'assemblée quelqu'un qui somnole ou qui ne rit pas.

Aznavour s'installe dans sa loge comme s'il devait y passer le reste de sa vie. Une minute avant de monter sur les planches, il peut discuter affaires, blaguer ; bref, témoigner d'un calme absolu qui n'est peut-être qu'apparent.

Je connais des chanteurs qui s'isolent trois heures avant le lever de rideau afin de se « concentrer » (*sic*), des comédiens qui ne peuvent être dans la peau de leur rôle que s'ils passent toute la journée au théâtre à méditer avant la soirée, des fantaisistes qui continuent depuis vingt ans à absorber quelques pastilles réconfortantes tant leur panique est grande.

En coulisse, on ne triche plus. Le peu de temps dont on dispose suscite des raccourcis et les raccourcis, on le sait depuis longtemps, sont beaucoup plus révélateurs que les périphrases. Témoin cet instantané glané durant un récital de Mireille Mathieu. La petite, qui s'est légèrement trompée de paroles dans une chanson, arrive la tête basse vers Johnny Stark tandis que la salle lui fait une furieuse ovation. Stark fait semblant de vouloir la gifler. Mireille se protège la tête de ses deux mains et repart vers « son cher public » les yeux embués de larmes, mais parvenant quand même à sourire. Stark se tourne vers moi :

« Il y a des moments où je me dis que je suis un saint... »

J'approuve poliment, mais sans conviction. Une heure plus tard, je passe dans le couloir des loges et j'entends Stark et Mireille en conversation plus qu'animée. Je distingue seulement une phrase. Au total sept petits mots, mais qui, depuis que je les ai entendus, m'amènent à considérer différemment le personnage de la petite Avignonnaise. A un reproche que doit lui faire son imprésario, elle lance sur un ton qui n'est plus du tout enfantin :

« D'abord je couche avec qui je veux... »

Par la suite, et sans jamais oser lui en dire la raison, je ne lui ai plus jamais parlé sur le même ton. Il faut respecter les femmes libres...

XIII

J'AI tellement côtoyé de gens célèbres, je sais si exactement ce que vaut l'aune de la notoriété que je ne puis être dupe ni des uns ni de l'autre. Bien souvent je plains ces victimes plus ou moins innocentes de l'actualité. Certes, elles ont généralement souhaité que l'on parle d'elles. Mais elles se trouvent très vite dépassées par les événements. Je pense donc être du bon côté du projecteur. Je veux dire dans la zone d'ombre (ou de pénombre) d'où l'on pose les questions et d'où l'on attend les réponses.

Dans de nombreux cas, la célébrité peut devenir un véritable supplice, un handicap de tous les instants, une espèce de chasse à courre permanente dans laquelle la tête connue joue involontairement le rôle du cerf. Lorsqu'on sonne soi-même l'hallali, on ne se rend pas exactement compte des réactions du gibier ni de la cruauté de l'épreuve.

C'est involontairement le docteur Barnard qui m'a ouvert les yeux sur ce spectacle-là. Souvenez-vous : c'était en 1970. Après plusieurs greffes retentissantes, le docteur Barnard faisait son premier voyage en Europe. Sa première escale fut Paris. Et comme j'étais à l'époque chef du service parisien du *Figaro*, mes confrères de *Paris-Match*, qui avaient organisé le voyage, me demandèrent tout naturellement d'être le guide du professeur dans les dédales du Paris *by night*. J'acquiesçai avec enthousiasme (il y avait la possibilité d'un « bon papier » à la clef) et je commençai à bâtir mon programme nocturne sans me douter le moins du monde de ce qui m'attendait.

Le jour dit, on m'amena Barnard au studio de R.T.L. où je l'interviewai par le truchement d'un interprète, car il ne parlait pas un mot de français.

Après quoi, la poursuite commença. Je dis bien la poursuite, car il y avait déjà aux trousses du playboy du scalpel une quarantaine de journalistes représentant les différents moyens d'expression.

A minuit, ils étaient plus de cent, équipés de voitures-radio, de motocyclettes, tandis que je m'évertuais — très anticonfraternellement — à découvrir des immeubles à double sortie pour leur échapper.

J'avais d'abord prévu de dîner chez *Lipp*, afin de montrer à Barnard un restaurant typiquement parisien. Dire que notre entrée passa inaperçue serait mentir. Pour la circonstance, M. Cazes, le patron, que j'avais jugé opportun de prévenir par téléphone, avait fait une entorse à ses habitudes et nous avait réservé une table.

A peine étions-nous assis, tandis que les reporters commençaient à cerner le pâté de maisons, que des convives se levaient aux différentes tables et venaient serrer la main du praticien avec la phrase de circonstance :

« Permettez à un cardiaque de vous féliciter... »

Bon prince, le docteur Barnard serrait toutes les mains qu'on lui présentait mais, visiblement il s'intéressait à autre chose qu'à la médecine ou même qu'à la fameuse choucroute de *Lipp*.

Car ce chirurgien demeurait, au bout de vingt ans d'exercice, un passionné de l'anatomie comparée. Impossible d'avoir avec lui la moindre conversation si un jupon passait à proximité.

Pour sortir de chez *Lipp,* M. Cazes nous fit passer par la salle du premier étage, puis par son appartement personnel et nous redégringolâmes cinquante mètres plus loin sur le boulevard Saint-Germain, c'est-à-dire au beau milieu des journalistes que nous entraînâmes dans notre sillage jusqu'au *Crazy Horse Saloon,* deuxième étape inscrite au programme.

Le spectacle intéressa prodigieusement le docteur Barnard. A l'entracte, il insista pour se faire présenter les artistes. Grâce à la permission exceptionnelle d'Alain Bernardin, nous pûmes gagner les coulisses et voir de près ces créatures pulpeuses et parfaitement impudiques. Au bout d'un moment, je perdis Barnard. Je le retrouvai après quelques instants de recherches à l'entrée d'une cabine de douche bavardant amicalement avec une stripteaseuse anglaise.

Le lendemain, sur papier à en-tête du *Figaro,* je rédigeai le plus sérieusement du monde une note de frais circonstanciée où je fis figurer le repas chez *Lipp,* bien sûr, mais également la séance de striptease suivie d'un chiffre coquet.

Le tout me fut réglé rubis sur l'ongle après un léger sursaut de l'administration du Rond-Point.

Encore une victime de la popularité : Jean-Paul Belmondo, dit Bebel, ne peut aller nulle part sans que surgissent miraculeusement sous ses pas des copains de régiment, des tapeurs, des importuns, des mendiants, des esseulés, des imprésarios, des assoiffés, des truands repentis ou non, des comédiens en chômage, des photographes du cœur, des boxeurs débutants, des dames qui portent avec peine des cabas pleins de scénarios géniaux.

Lui, le mégot aux lèvres, dit bonjour à chacun, paie un verre à tout le monde avec ce roulement tranquille des épaules qui n'appartient qu'aux consciences très pures et très musclées. Pourtant, sa vie privée ne cesse de s'étaler sur de grandes doubles pages dans les magazines spécialisés :

« Si je vous disais que le mois dernier je n'osais plus revenir en France. Avec tout ce qu'on écrivait sur moi, je pensais que j'allais me faire casser la figure dans les rues. Chaque semaine, quand on m'apportait le journal, j'apprenais avec stupeur que ma mère pleurait, que ma femme se tapait la tête contre les murs et que mes enfants sanglotaient à fendre l'âme. »

Alors, comment retrouver la pureté originelle ? Je veux dire les délices insoupçonnés de l'incognito ?

Après avoir longuement cherché, Bebel a fini par trouver une solution. Il suffit d'avoir une altercation sérieuse avec un gardien de la paix :

« Mais oui, pour ne pas être reconnu, il faut aller très loin dans un pays sans salles de cinéma ou très près dans un commissariat de police parisien. »

Moi, lorsque j'ai eu mon histoire avec un agent de police, personne ne m'a identifié. Quand le commissaire est arrivé au bout de deux heures, on lui a seulement dit : « Nous avons ramassé un type qui se prend pour Belmondo. »

Coût de cette sensation rare : mille francs d'amende.

XIV

Un de mes reportages m'a amené chez le docteur Faust, ou plus exactement dans le laboratoire de sa dernière réincarnation. Des amis m'avaient parlé d'un médecin ayant mis au point, après un demi-siècle de recherches, un extraordinaire produit rajeunissant. Il était l'élève du fameux professeur Niéhans qui avait appliqué sa miraculeuse thérapeutique à quelques patients célèbres.

Je sonnai un soir à sa porte. Il vint m'ouvrir lui-même, en blouse blanche, et me conduisit immédiatement dans une longue pièce pleine de cornues et d'autoclaves. Il me donna quelques vagues explications techniques, auxquelles je ne compris rien, puis me révéla sous le sceau du secret qu'il avait tenu à être son premier cobaye. Pendant huit mois, il s'était administré chaque matin une bonne dose de son élixir de jouvence. J'avais donc devant moi le résultat.

« Quel âge me donnez-vous ? »

Je balbutiai, essayant de gagner du temps, ayant peur de faire une gaffe monumentale.

« Eh bien, jeune homme, j'ai soixante-cinq ans ! »

J'avais bien fait de ne rien dire : je lui en donnais facilement soixante-dix. J'émis néanmoins un sifflement admiratif :

« Diable !... »

Le docteur Faust parut sensible à cet hommage. Pour achever de me convaincre, il consentit à entrer dans le détail :

« Pendant le traitement, toutes mes facultés ont retrouvé leur jeunesse. Et je ne parle pas seulement sur le plan intellectuel », précisa-t-il avec un clin d'œil égrillard.

Je m'enquis poliment : Ses nuits actuelles étaient-elles plus agitées que celles qu'il avait connues dans sa folle jeunesse ? J'avais touché juste :

« Une véritable transformation, mon bon monsieur. Tenez, j'ai une petite amie qui a vingt-quatre ans. Charmante. Eh bien, avant ma cure, elle me disait souvent : « Pépère — elle m'appelle pépère — « tu es formidable ! » Savez-vous ce qu'elle me dit maintenant : « Pépère ce que tu peux me fati- « guer !... » Ce n'est pas un joli résultat ? »

Persuadé qu'on ne donne de l'argent qu'à ceux qui paraissent déjà en avoir, j'ai toujours roulé au-dessus de mes moyens. Je ne m'en suis jamais repenti, même lorsque la note des garagistes se faisait lourde. On ne dira jamais à quel point la voiture est un bon placement pour des gens obligés d'avoir une certaine façade !

D'abord, l'automobile constitue pour les inévitables médisances dont vous faites l'objet un excellent abcès de fixation. Pendant qu'on parle de vos cylindrées, on ne s'occupe pas du reste, je veux dire de tout ce qui pourrait être véritablement gênant et essentiel.

Ensuite, dans un métier où les tarifs syndicaux ne représentent qu'une base fragile et où la loi de l'offre et de la demande n'est jamais très précise, on vous rétribue selon les signes extérieurs qu'on croit que d'autres employeurs vous ont permis de vous offrir. Là réside la petite astuce : il faut précéder le pactole au lieu de le suivre.

J'ai donc commencé par m'acheter une Cadillac avant d'avoir réellement les moyens d'en posséder une. Deux mois plus tard, impressionnés par la longueur de ma voiture, les gens qui me commandaient des articles doublaient mes tarifs et je pouvais enfin honorer mes traites.

Aujourd'hui, un peu blasé par ce défilé incessant de décapotables et de limousines — j'en ai eu plus de cinquante ! —, je me déplace dans une vieille Rolls. La boucle est bouclée. La prochaine voiture pourra être n'importe quoi puisque j'ai eu toutes les marques et tous les modèles. De ce côté-là, je n'ai aucun regret, seulement des souvenirs. C'est plus agréable, mais cela coûte plus cher. On me dit parfois : « Pourquoi une Rolls ? » Sans doute pour qu'on me pose la question. Un peu par provocation (il y a de la magie dans cette marque-là, du maléfice aussi, puisqu'on vous pardonne moins de rouler dans une très vieille Rolls que dans une « voiture de sport » qui coûte trois fois plus cher). Sûrement pour prouver que le journalisme est une véritable profession libérale et qu'il n'y a aucune raison, quand on l'exerce courageusement un certain nombre d'heures par jour, d'accepter un standing de traîne-savate.

Je n'ai d'ailleurs pris cette décision qu'après avoir vu un feuilleton à la télévision. Il s'intitulait *L'Homme à la Rolls* et l'homme qui était au volant du modèle que par la suite je me suis offert exerçait la profession d'inspecteur de police. Je me suis fait très vite la réflexion suivante : si les flics roulent maintenant en Rolls, il n'y a aucune raison pour que les journalistes n'en fassent pas autant !

Pour comprendre un homme, il faut le rencontrer dans son cadre. Ce n'est pas toujours chez lui. Ainsi n'ai-je réalisé la véritable dimension de Michel Simon qu'un jour où, après avoir déjeuné ensemble au *Louis-XIV*, nous avons remonté ensemble la rue Saint-Denis. Toutes les dames du trottoir lui faisaient un signe affectueux. Il les saluait généralement par leur prénom, demandant des nouvelles de leur santé ou de leurs enfants, tapotant la joue des nouvelles.

Jean-Claude Brialy, lui, ne se révèle vraiment que dans le grand salon de son château de Monthyon, derrière le triple rempart de ses douves, de ses boiseries précieuses et de ses faux portraits de famille. Gentilhomme d'un siècle passé égaré dans notre époque grossière, il vit là à l'écart des modes dont il veut bien tirer quelques revenus substantiels, mais auxquelles il n'entend pas servir de complice.

J'ai rendu visite six fois à Françoise Sagan. Ce n'était jamais à la même adresse. Elle change tous les dix-huit mois d'appartement, avec une régularité qui, paradoxalement, finit par donner autour d'elle l'impression d'une certaine stabilité. Un ennui distingué et alcoolique plane sur les pièces où la maîtresse de maison règne, entourée de son fils, de ses amis, de ses domestiques portugais et de ses bergers allemands. La vie n'est pas drôle quand elle est si facile, quand on a tout eu à vingt ans, quand on peut tout perdre à quarante, quand on ne pense pas à payer ses impôts.

De temps à autre, un éclair d'intérêt brille sous la paupière lourde et puis tout retombe. Je veux dire l'intérêt, la paupière, le bras et le verre de whisky. Quand on s'en va, on est complètement démoralisé. Le spleen de Sagan est encore plus contagieux si on écoute ses silences que si on lit ses livres. Entendons-nous bien toutefois : c'est un désespoir de riche, de nanti. C'est une tristesse qui n'est pas à la portée de toutes les bourses. Une dépression nourrie au caviar à gros grains et abreuvée de vodka. Elle mourra peut-être un jour d'ennui, mais sûrement en bonne compagnie.

Je préfère de beaucoup la joie de vivre d'Henri Salvador, même si elle confine parfois à une certaine vulgarité. Je ne peux jamais penser à Salvador sans évoquer deux souvenirs précis qui montrent la décontraction très orientée du personnage.

Nous déjeunions un jour tous les deux chez *Lipp*. Un petit chien venu d'une banquette voisine saute sur les genoux du chanteur et commence à lui flairer le haut du pantalon. La propriétaire du chien — jeune et charmante — surgit presque aussitôt et se confond en excuses. Salvador la coupe d'un geste :

« Je veux bien vous rendre le chien, mais à condition que vous preniez sa place. »

Je suis toujours celui qui rougit le plus dans ces cas-là.

Mon plus grand malaise avec Salvador a eu pour cadre une loge de l'Alhambra, à l'époque où il n'était pas encore démoli et où le génial Henri y donnait un show qui faisait courir tout Paris. J'avais une vieille tante qui, malgré ses soixante-quinze ans et son passé de bigote, était une adoratrice forcenée de l'artiste. Je l'avais emmenée avec moi le soir de la première. Après le spectacle, nous allâmes féliciter Henri dans sa loge :

« Henri, je te présente ma tante qui a une très grande admiration pour toi. »

La tante opine chaleureusement. Henri, lui, qui est en train de se démaquiller, lève à peine la tête et s'adresse à moi :

« Elle couche la vieille ? »

J'étais dans mes petits souliers.

Nous sortons dans le couloir. J'ose à peine regarder mon infortunée parente. Nous faisons cent mètres et elle éclate d'un rire juvénile :

« Ce qu'il peut être drôle, ton ami !... »

J'avais un autre ami, moins connu mais plus curieux encore. Il s'appelait — il s'appelle toujours sans doute — Maurice Ciantar. Romancier de grand talent et journaliste globe-trotter, il avait adopté une fois pour toutes une tenue vestimentaire en rapport avec la noirceur de son âme : chaussures vernies, complet anthracite, parapluie et gants de même couleur, chapeau à bord roulé. Tout à fait le type ordonnateur de pompes funèbres ou veuf inconsolable et distingué. Avec cela, une belle et noble gravité répandue sur tous les traits du visage. Il ne lui manquait que la Légion d'honneur et un peu de bromure pour être un vrai gentleman. Car derrière cette façade lugubre se cachait un assez extraordinaire plaisantin doublé d'un don Juan d'une rare voracité sexuelle. Une fois par jour, Ciantar « partait pour la chasse », entendez par là qu'après s'être mis sur son trente et un il arpentait les Champs-Elysées à la recherche d'un gibier possible.

Une fois, il m'invita à l'accompagner. Je ne connaissais pas ses méthodes. J'acceptai. Nous voilà donc en train de déambuler. Ciantar examinait toutes les dames qui passaient, supputant longuement et à voix très haute leur tempérament à partir d'indications aussi fragiles que le modelé d'une jambe, le déhanchement d'une croupe ou la blondeur d'une nuque. Son diagnostic ne s'achevait qu'après avoir considéré attentivement le visage de l'élue virtuelle. Lorsque l'examen était satisfaisant, venait la période d'attaque. Ciantar allait droit vers la dame, se découvrait d'un large coup de chapeau puis, la regardant bien dans les yeux, laissait tomber, impassible, cette simple phrase :

« Tu dois être une belle salope, toi ! »

Des statistiques qu'il avait lui-même dressées, il apparaissait que huit fois sur dix il recevait une magistrale paire de claques, mais que les deux autres fois il gagnait un temps précieux.

Un an après qu'elle eut disparu de la scène (au sens propre), j'allai voir Parysis, cette comédienne chevronnée qui avait fait une carrière de soubrette acariâtre dans tous les vaudevilles de l'entre-deux-guerres et s'était retrouvée — par héritage — directrice du théâtre Michel. Personnage de légende à qui l'on prêtait des bévues comme on prête à d'autres — aux riches de la matière grise, bien sûr — des mots d'esprit. C'est elle qui, affirmait-on, ayant entendu dire un soir de générale à Jean-Jacques Gautier que les deux principaux protagonistes d'une pièce n'étaient pas des comédiens mais les « Chargeurs réunis », répétait dès le lendemain que Gautier avait affirmé :

« Ces deux-là, c'est les « Messageries maritimes ».

Henri Jeanson en avait fait une de ses cibles favorites après l'avoir décrite en ce saisissant et peu galant raccourci :

« Elle a les jambes comme l'Arc de Triomphe, mais son poilu n'est pas inconnu... »

J'allai donc voir chez elle cette vieille dame très

vive et très affable afin de m'enquérir de la façon dont elle avait organisé sa retraite. Je la trouvai peinturlurée comme si on allait frapper les trois coups. Autour de nous, dans le salon, traînaient un peu partout des brochures de théâtre. Mes premières civilités furent interrompues par un fracas venu des entrailles du sol et que je n'identifiai pas tout de suite.

« C'est le métro, me dit-elle d'un air ravi. Il passe toutes les deux minutes. »

J'esquissai un geste de compassion : comme elle devait être malheureuse avec ce bruit de tonnerre trois cents fois par jour !...

Elle m'arrêta net :

« Mais pas du tout. C'est moi qui l'ai voulu ainsi. Je ne peux pas vivre sans bruit. Je n'ai acheté cet appartement que parce qu'il donnait sur une rue où il passait beaucoup de voitures et que parce que le métro faisait trembler l'immeuble à chaque fois. »

Après quoi, elle alla s'asseoir majestueusement sur le canapé central et pressa un bouton qui se trouvait à côté d'elle. Aussitôt le salon s'embrasa de mille feux. Trois spots très puissants auréolèrent son visage. Je ne soufflai mot. On apporta le thé. Elle changea de siège, non sans presser un autre bouton. D'autres projecteurs mirent en valeur son maquillage. Devant mon air étonné, elle s'expliqua :

« Je ne peux pas vivre non plus sans mes chères « gamelles », surtout le soir à partir d'une certaine heure. Alors, j'ai demandé à un électricien de s'arranger à ce que chez moi je sois éclairée comme naguère lorsque je jouais la comédie. Toutes les nuits je rêve que le rideau se lève et que je suis sur scène. Tous les matins je me réveille épuisée en guettant les applaudissements. »

Au moment où je prends congé, elle me montre avec fierté sa dernière acquisition — un gros *Larousse médical* dont elle se propose de déguster chaque soir quelques pages avant de s'endormir :

« Qu'est-ce que vous voulez, je n'ai jamais été malade, alors je veux voir ce que c'est...

Pendant un temps, Pieral et Jean Lefèbvre firent équipe dans quelques films, mais surtout à leurs heures de loisir, car ils s'étaient découvert un même penchant pour la mauvaise plaisanterie. Le scénario était immuable : Pieral habillait son mètre dix d'un costume marin à culotte courte du plus enfantin effet. Un chapeau sur l'oreille, un cerceau à la main et le tour était joué.

L'étrange couple partait alors à la recherche d'un groupe de H.L.M. aux escaliers bien sombres. Lefèbvre se dissimulait dans un recoin, tandis que Pieral s'asseyait sur une marche et commençait à pleurer à chaudes larmes. On n'attendait jamais longtemps. Une brave femme qui montait ou descendait se penchait gentiment sur le faux bambin :

« Tu as du chagrin, mon petit ? »

Pieral redoublait ses hurlements en bredouillant des lambeaux de phrases inintelligibles. Un seul mot émergeait comme un leitmotiv :

« Pipi ! »

La brave femme finissait par comprendre que l' « enfant » avait envie de satisfaire un besoin naturel, mais qu'il n'arrivait pas à déboutonner son pantalon.

Il ne fallait pas beaucoup de logique ni d'humanité pour étendre le bras afin de venir au secours du petit. Les boutons cédaient et apparaissait alors un organe dont le moins qu'on pouvait dire est qu'il n'était pas du tout proportionné au reste du corps. La dame d'œuvre était à peine revenue de sa surprise que Lefèbvre surgissait de sa cachette et ameutait tout l'immeuble en prétendant qu'elle avait agressé un enfant afin de lui faire subir les derniers outrages.

Vous imaginez la scène : Pieral pleurant de plus belle, la dame tenant encore en main le corps du délit et Lefèbvre jouant au père-la-pudeur !...

Yves Robert est allé au Japon — tous frais payés — pour la sortie de son film *La Guerre des boutons.* Festival de courbettes qui commence à l'aéroport. Réceptions somptueuses. Allocutions plus ou moins ampoulées auxquelles l'époux de Danièle Delorme essaie de répondre de son mieux.

Vient le soir du gala. Une somptueuse voiture américaine vient chercher Yves Robert à son palace. Sur la banquette a pris place le traducteur, un Japonais érudit qui explique qu'il a travaillé jour et nuit afin de trouver les meilleures équivalences et de ne pas trahir le texte original. Par une attention délicate, que le metteur en scène goûte particulièrement, les distributeurs japonais ont tenu à garder le titre français. Mais, apparemment, les électriciens nippons, qui n'y ont pas mis de malice, se sont un peu embrouillés dans les consonnes ; Yves Robert découvre avec stupeur, en lettres lumineuses hautes d'un pied au fronton du plus grand cinéma de Tokyo, ce titre qui ferait mourir de rire les Parisiens s'ils le voyaient : *La Guerre des boxons.*

XV

ON sait quel rôle important — et parfois abusif — le téléphone a joué dans l'histoire de la radio moderne. Jamais on n'a mieux allié les ressources de la technique et les impératifs de la démagogie. Comme la langue d'Esope, le téléphone peut constituer la meilleure ou la pire des choses selon que l'on fait systématiquement parler des gens qui n'ont rien à dire ou selon qu'on peut connaître immédiatement l'avis des personnalités les plus autorisées. Dans tous les cas, il constitue un sondage d'opinion tromper moins souvent et moins longtemps que la plupart de leurs homologues œuvrant à la télévision ou dans la presse écrite, disciplines moins souples et qui ne recourent pas aussi volontiers au contact téléphonique.

Il y a aussi une autre utilisation assez commune du téléphone sur les ondes, que je ne peux passer sous silence car j'y ai abondamment recouru : le canular. Entendons-nous bien, le canular professionnel à usage public et non pas la petite blague confidentielle seulement destinée à dérider un groupe d'amis.

Pendant plus d'un an, j'ai donné chaque matin au jeune comédien Daniel Prévost une idée qu'il se chargeait ensuite de développer avec la complicité (involontaire) d'un correspondant plus ou moins lointain. Presque tous les jours, j'avais ainsi quelques éclats de rire garantis avec en prime, de temps à autre, des « minutes de vérité » allant beaucoup plus loin que nous ne l'espérions.

Certes, le téléphone est l'instrument préféré des lâches, mais c'est aussi un merveilleux détonateur, un « compère » dont au départ la crédibilité est entière. Il ne faut qu'un peu d'habileté et de sang-froid pour mener irrésistiblement son « client » jusqu'où on le souhaite.

Parmi les innombrables canulars effectués par Prévost pour le compte du « Non Stop », je garde une tendresse particulière pour « *Le Mistral* détourné », « Pierre Dux et l'ambassadeur », ainsi que pour « l'urne à double fond ». Trois scénarios simples à première vue, arbitraires si l'on y réfléchit un peu, mais au téléphone on a rarement cette possibilité-là.

Pour « *Le Mistral* détourné », nous avions imaginé, au moment où les pirates de l'air ne cessaient de faire irruption, pistolet en main, dans les cabines de pilotage, que semblable mésaventure était arrivée au train le plus connu de la S.N.C.F. entre Paris et Dijon. Et d'appeler la préfecture de la Côte-d'Or en contant la mésaventure sur le mode affolé : détourné de sa destination, *Le Mistral* filait vers Strasbourg ! Les femmes et les enfants étaient terrorisés ! Il n'y avait plus de vivres à bord du convoi ! Sans réfléchir, le haut fonctionnaire que nous eûmes à l'appareil déclara qu'il fallait déclencher le plan O.R.S.E.C. et avertir la police. Nous nous amusâmes bien ce jour-là.

En ce qui concerne Pierre Dux, ce sont les nombreuses visites effectuées en France par des « rois nègres » qui nous donnèrent l'idée d'appeler l'administrateur général de la Comédie-Française en nous présentant comme « l'ambassadeur de la république du Sanghar » (pays africain que vous chercheriez en vain sur la carte, et pour cause). Pendant cinq minutes ce fut délirant. Tout ce que l'on réclamait — loge présidentielle, piquet d'honneur, fanfare — était accordé par Pierre Dux qui, chaque fois, ponctuait ses réponses d'un sonore : « A vos ordres, monsieur l'ambassadeur ! » A telle enseigne que Prévost, qui a une dilection marquée pour les accents sous-développés, ne put s'empêcher de pousser plus loin la plaisanterie. Comme Pierre Dux lui confiait qu'il devait se rendre quelques instants plus tard à une réception de l'ambassade du Brésil, il lui dit :

« Puis-je vous demander un service, monsieur l'administrateur général ?

— Mais certainement, monsieur l'ambassadeur, fit l'autre.

— Eh bien, je voudrais que vous réclamiez à l'ambassadeur du Brésil le peigne que je lui ai prêté avant-hier dans les toilettes de l'Elysée et qu'il ne m'a pas rendu. »

Un peu interloqué, Pierre Dux promit néanmoins tout ce qu'on voulait.

Plus grave et plus symptomatique est la dernière intervention. Nous étions en période électorale. Sur le Bottin des professions, on repéra — tout à fait au hasard — le numéro d'un brave menuisier et on l'appela pour lui faire la proposition suivante : mandatés par un parti politique (dont on se gardait bien de révéler le nom), on lui passait commande de trois urnes à double fond. Il y eut une légère hésitation à l'autre bout du fil, puis la voix de l'artisan se raffermit :

« Je veux bien faire ce travail, mais il n'est pas très honnête. »

Malgré sa mauvaise foi habituelle, Daniel Prévost en convint volontiers. Le menuisier reprit :

« Alors, dans ces conditions, ce sera très cher. Je veux cinq cent mille anciens francs par urne. »

Rendez-vous fut pris pour le lendemain. Le menuisier attend toujours.

Avant de faire des blagues aux autres, j'en ai été moi-même assez longtemps victime. J'étais pour ce genre d'industrie une proie facile : un peu naïf (je crois l'être encore), spontané, impulsif et ne réfléchissant pas plus loin que le bout de mes instincts.

J'avais une vingtaine d'années lorsqu'on me fit le canular le plus extraordinaire que l'on puisse rêver. A l'époque, j'avais du tempérament mais pas de relations, certaines envies et pas un sou vaillant en poche. Un ami plus âgé m'avait dit avec un bon clin d'œil :

« J'ai quelque chose d'épatant pour toi. C'est une petite boutique au bout de la rue Saint-Honoré. Le commerce des antiquités n'est qu'une façade. En réalité, la tôlière tire ses ressources du petit salon qu'elle possède au premier. »

Je m'enquis évidemment de savoir ce qui se passait au premier étage. Mon ami s'expliqua :

« Deux ou trois fois par semaine, des dames de la bonne société viennent là afin de rencontrer des jeunes gens comme toi. Dès qu'il y a un couple, la vieille ferme son rideau de fer et hardi petit ! »

Après quoi, on m'indiqua que je devais préalablement respecter un certain nombre de rites. D'abord, il n'y aurait quelque chose pour moi au premier étage que dans la mesure où un superbe casse-noisettes en bois d'olivier se trouverait à la place d'honneur dans la vitrine. Pas de casse-noisettes, pas de dame de la bonne société : ces jours-là, il était donc inutile d'entrer. Si le casse-noisettes était à son poste, je devais pousser la porte de la boutique et dire à la patronne en clignant de l'œil droit (c'était, paraît-il, très important pour l'identification) :

« Bonjour, madame, je viens pour le casse-noisettes. »

En principe, elle comprendrait. Mais, si elle paraissait défiante, je devais monter moi-même jusqu'au premier étage en répétant plusieurs fois de suite :

« J'adore les casse-noisettes. »

A l'époque, je ne réfléchissais jamais. J'agissais ou j'essayais d'agir. Mais je trouvais presque toujours entre ma modeste personne et les plaisirs qu'elle poursuivait un mur quasi infranchissable de contingences, d'hypocrisie et d'impécuniosité.

Dieu merci, le casse-noisettes allait changer tout cela. Pendant toute une semaine, je passai matin et soir devant la boutique. La vitrine ne recelait que des objets sans intérêt. Le huitième jour, je sursautai : l'objet tant convoité, tant attendu, le casse-noisettes symbole d'amours faciles (et gratuites) était là, rayonnant comme le Graal. J'entrai :

« Bonjour, madame, je viens pour le casse-noisettes. »

La vieille sorcière plongea dans la vitrine, en retira la baguette magique et me la tendit en assortissant ce geste d'un prix que, dans ma surprise, je n'entendis même pas. Je m'aperçus alors que j'avais oublié de cligner de l'œil.

« Je suis venu pour le casse-noisettes, appuyai-je lourdement en faisant battre follement mes paupières.

— Eh bien, oui, dit-elle un peu énervée. Si le prix vous convient, il est à vous. »

On m'avait prévenu. J'étais sans doute trop jeune pour lui inspirer confiance. Il me fallait passer à la dernière phase de l'opération. J'écartai la commerçante d'une bourrade et j'entrepris l'escalade des quelques marches qui menaient au paradis, en hurlant sur l'air des lampions mon amour des casse-noisettes.

Trois minutes plus tard, police-secours était là. Je fus emmené au commissariat. Je racontai mon histoire. Personne ne la crut.

Plus tard, le Festival de Cannes, que je fréquentais assidûment, fut le terrain d'élection de nombreux canulars. L'imagination des participants, leur oisiveté relative, la crédulité énorme du petit peuple gravitant autour du Carlton semblaient s'être liguées pour notre plus grand plaisir.

C'est le délégué général actuel du Festival, l'excellent Maurice Bessy, qui menait le sabbat. Nous avions acheté une blouse blanche à Bessy et, sur la porte de sa chambre, nous avions vissé une plaque de cuivre que nous avions subtilisée en ville et sur laquelle on lisait : « Gynécologue. »

Tout ce que le Festival comptait de starlettes en mal de contrat défilait là dans ce faux cabinet médical où, impavide, Bessy examinait les patientes simplement armé d'une cuiller à soupe et d'une lampe de poche.

Un peu partout en ville, je veux dire dans le hall du palais, mais aussi dans les bars et dans les hôtels, nous étions ses sergents recruteurs. Dès que nous apercevions une petite paysanne endimanchée ou une midinette en rupture de ban, ou une cover-girl en goguette, nous l'abordions :

« Vous faites partie du Festival, mademoiselle ? »

Et sur sa réponse affirmative, nous enchaînions :

« Est-ce que vous avez passé la visite médicale ? »

La réponse était toujours — et pour cause — négative. Nous fixions alors un rendez-vous à la mignonne, prévenions Bessy par téléphone et nous arrangions pour alerter tous les amateurs. Quand la petite débarquait dans le salon de Bessy, il y avait déjà une douzaine de « clients » qui semblaient souffrir d'affections diverses : l'un se traînait péniblement sur deux cannes, l'autre avait la mâchoire emprisonnée dans un énorme bandeau. De temps en temps, des cris affreux provenaient du cabinet de consultation voisin.

Enfin la porte s'ouvrait et Bessy faisait entrer la patiente. Pour l'examiner, il n'était pas seul : une demi-douzaine d'aides bénévoles et hilares se chargeaient d'aider la demoiselle à se dévêtir et, le cas échéant, de la savonner si elle n'avait pas pris de bain récent. La consultation durait assez longtemps car, lorsqu'il se trouvait en face d'un beau cas (euphémisme phonétique), le « docteur » Bessy prenait à témoin les faux malades de la salle d'attente et même les employés qui passaient dans le couloir de l'hôtel.

Certains festivaliers fâchés pour des motifs professionnels s'évitaient soigneusement. Maurice Bessy, qui ne pouvait admettre que ses amis ne le fussent pas aussi entre eux, imagina un jour la réconciliation suivante : il dit au premier (cette fois je ne citerai pas de noms car, non seulement les intéressés vivent toujours, mais leurs épouses respectives sont en parfaite santé) :

« Une ravissante comtesse italienne m'a parlé de toi. Elle voudrait te rencontrer, mais incognito. Je te prête ma chambre ce soir. Tu arrives à neuf heures, mais n'allume pas, c'est la condition qu'elle a posée, car elle est très timide. Tu entres, tu te déshabilles, tu te couches et ensuite à toi de jouer. »

Le monsieur en question, ravi, acquiesce et, le soir venu, dûment aspergé d'eau de toilette, se présente dans la chambre de Bessy. Il fait très sombre, mais il distingue parfaitement une forme allongée sur un côté du lit. Il ne lui faut que quelques secondes pour se débarrasser de ses vêtements et rejoindre la comtesse. A peine sous les draps, il étend le bras et agrippe sur la poitrine de la « dame » quelques touffes de poils drus. Surpris, il brave la consigne, allume le plafonnier et constate qu'il a à côté de lui son ennemi mortel à qui Bessy a fait les mêmes promesses et tenu les mêmes raisonnements. Les deux hommes s'expliquent, s'esclaffent et redeviennent les meilleurs amis du monde.

XVI

Je ne suis pas d'accord avec ceux qui disent que rien n'est plus révélateur d'une personnalité que les livres qu'elle lit et que le cadre dans lequel elle évolue. Les livres sont de plus en plus ceux que le libraire conseille et, quant au cadre choisi par les gens fortunés, il traduit surtout les fantaisies d'un décorateur à la mode. Ainsi n'ai-je retiré de la visite du somptueux hôtel particulier que Mme Paul Derval (des Folies-Bergère) possède avenue Foch, qu'une seule certitude : son doreur est devenu fou pendant les travaux.

Je tiens le peintre Mathieu pour le Dali du pauvre. Curieux personnage, au demeurant, mais fabriqué de toutes pièces et sans la classe de l'ermite de Cadaquès. Atteint de diarrhée verbale, enclin à un didactisme pâteux, il ne se déplace que dans des limousines du début du siècle, porte volontiers jabots et manchettes de dentelle, et étale les stigmates de son génie jusque sur la porte de son réfrigérateur. Dommage que ce fantaisiste ne soit qu'un cuistre.

Et, pourtant, obligé de contrôler perpétuellement ma pensée et les différentes formes qu'elle emprunte, condamné par définition à être un petit travailleur figuratif, j'ai toujours éprouvé une dilection secrète pour ceux ou celles qui disent, écrivent et font n'importe quoi, multipliant les provocations et les abstractions jusqu'aux limites du canular.

Rien ne me réjouit davantage que d'interroger à la télévision la directrice d'une galerie qui vient d'exposer (et de vendre assez cher) une quarantaine de bocaux remplis d'ordures et de vieux détritus. Peut-être parce que la peinture — surtout moderne — évoque une notion de superflu alors que l'évacuation des ordures pose un problème quotidien. Et puis n'est-ce pas là une façon détournée, mais efficace, de venir en aide à une des catégories sociales les plus défavorisées : les éboueurs ?

Qu'il s'agisse du génial Spoerri, ce bel artiste qui redonna à la « croûte » son acception originelle en conviant fort sérieusement la critique spécialisée et cinq mille invités à venir vernir les reliefs de ses petits déjeuners collés au mur avec les dates, ou d'un autre installant dans une galerie de la rue de Seine une trompette de cavalerie, trente-deux dentiers, un cake rassi, une livre de confiture de prunes et deux pièces de dix centimes, je me sens tout à fait dans la peau du petit garçon dont parle Andersen dans un de ses contes et qui fut le seul, ayant vu défiler dans la rue le roi tout nu, à le remarquer bien haut avant que tout le monde ne s'en avise.

Inventeur de la « topographie anecdotée du hasard », Spoerri se fait fort de vendre n'importe quel objet tombé au rebut à des amateurs d'art. Il lui suffit de fixer sur une cimaise des matériaux qu'on trouve d'habitude dans les cuisines plutôt que dans les musées. Il les colle plus ou moins efficacement (certains se détachent, paraît-il, la nuit jusqu'à tomber sur le nez des collectionneurs endormis) sur une toile et les assortit d'un commentaire manuscrit bien senti. Ainsi, sous un bol de terre cuite émaillée à moitié plein de café au lait, on lit cette précision intéressante : « Bol ayant servi au compositeur noir Benjamin Paterson, auteur d'une partition pour contrebasse dans laquelle l'instrument émet des sons en évacuant les objets étrangers faufilés dans ses cordes. » Plus loin, à côté d'une tranche de pain entamée, on déchiffre : « Ce morceau provient d'un pain acheté hier et découpé ce matin seulement. C'est tout ce qu'il reste du petit déjeuner. C'est Kichka Baticheff qui l'a mangée à midi avec deux œufs à la coque, mais elle ne l'a pas terminée, soit par manque d'appétit, soit parce que cette tartine ait été sa deuxième... »

Jamais un artiste n'a ainsi révélé aussi franchement ses sources. Grâce à ses confidences, le mécanisme de la création s'en trouve expliqué. J'étais dans la galerie à l'instant précis où un collectionneur *(sic)* a fait emplette — pour une somme fort coquette — de la tranche de pain. Comme c'était juste l'heure du goûter, je n'ai pas pu tirer de déduction trop optimiste quant au talent de M. Spoerri.

Les deux villes du monde les plus extraordinaires sont à mon humble avis — et pour des motifs très différents — Venise et Las Vegas. Elles seules ne déçoivent pas le visiteur, même si on lui en a parlé pendant des années, même s'il a compulsé avant de s'y rendre des milliers de documents et de photographies.

Venise est bâtie sur l'eau. Las Vegas sur le jeu. L'une s'enfonce, l'autre émerge de plus en plus. A Las Vegas, j'ai découvert, grâce aux confidences d'un médecin local, que les enfants de l'Etat du Nevada avaient le bras droit légèrement plus développé que le gauche. Il paraît que cette anomalie provient des exercices pratiqués devant les machines à sous par les bambins dès leur plus jeune âge.

Connaissez-vous destinée plus étrange que celle de O'Brady, ce comédien qui lança la calvitie au théâtre et au cinéma bien avant l'apparition de M. Yul Brynner ? Pensionnaire de la troupe de Robert Dhéry et de Colette Brosset, O'Brady joua pendant deux ans *La Plume de ma tante* aux Etats-Unis. Comme il n'avait pas envie de remettre le cap sur l'Europe, il demeura sur le sol américain et, pour vivre, donna des cours de français dans un lycée. Deux ans passèrent encore, puis le très sérieux professeur Sullivan demanda à O'Brady d'entrer dans son équipe à Princeton. A l'âge de soixante ans, O'Brady a dû passer sept examens pour régulariser sa situation universitaire. Je lui ai téléphoné un jour pour savoir s'il reviendrait un jour à Paris :

« Il n'en est pas question. Je consacre tous mes loisirs à une jeune troupe de comédiens amateurs et je suis bien décidé à finir mes jours à Princeton car, je ne vous le cacherai pas, il y a une substantielle retraite à la clef. J'en avais assez de me faire des cheveux pour mes vieux jours... »

Je donnerais les œuvres complètes et en couleurs de Jean-Christophe Averty pour une toute petite manifestation parisienne qu'il a organisée, voici quelques années, dans la très austère salle Gaveau. Ayant ce soir-là convié le ban et l'arrière-ban de la critique et plusieurs centaines de mélomanes, Averty fit monter sur la scène un jeune homme nommé Marc-Hugo Finaly, qui exécuta le plus sérieusement du monde une œuvre de sa composition en ne se servant sur le clavier du Pleyel mis à sa disposition que de ses doigts de pied et de ses coudes.

Il fallut bien un quart d'heure pour que les habitués commencent à subodorer la mauvaise plaisanterie.

Autre trouvaille d'Averty : la carrière à la télévision de Louise Petit. Jusqu'en 1950, le génie de cette vieille demoiselle fut exclusivement rural. Quand elle prit sa retraite, cette petite fonctionnaire bien notée des Eaux et Forêts fut saisie par le démon du show business, comme M. Le Trouhadec par la débauche. Chaque soir, elle allait chanter dans des cabarets confidentiels où elle ne touchait pas de cachet mais où on l'autorisait à faire la quête après son tour. C'est là qu'Averty la rencontra. De cette septuagénaire à la plastique floue et à la cellulite tremblotante, aussi peu douée pour la comédie que pour la chanson, il fit sa vedette préférée et la mienne. Peut-être parce que de toutes les personnes qui ont fait, qui font et qui feront de la télévision — moi y compris —, et que rien ne prédisposait irrésistiblement à cette activité-là, Louise Petit est certainement la plus inattendue.

Finalement, ce que j'ai vu de moins fou, depuis vingt ans, c'est la grandiose exposition organisée à

Sainte-Anne avec les œuvres des pensionnaires. La palme est allée à un superbe portrait de Raquel Welch, dans la bouche de laquelle le peintre facétieux n'avait laissé qu'une seule dent.

Quel dommage que l'on n'ait jamais pu réunir sur les petits écrans Louise Petit et le « président » Louis Ducatel. Vous vous souvenez certainement de ce sympathique hurluberlu, jusque-là industriel prospère, qui fut en 1969 candidat aux présidentielles. J'ai suivi sa campagne avec beaucoup plus de passion que celle des autres. Je ne fus jamais déçu. Qu'il s'agisse de la formation du futur gouvernement *(sic)* qui permettait à Ducatel de garder d'anciens politiciens pour lesquels il avait de la sympathie ou de caser ses vieux amis, qu'il s'agisse du programme culturel ou financier qu'il souhaitait promouvoir, tout était de la plus haute qualité comique. Avec en prime ce qui fait le charme des plaisanteries poussées très loin : un soupçon de vraisemblance permettant de duper les gogos ou les distraits. Le programme social que le « président » gardait pour la bonne bouche constituait le sommet de la pensée ducatélienne :

« Il faut payer tout le monde très cher si l'on veut éviter la révolution. Si les pauvres ne s'enrichissent pas, les riches seront rapidement ruinés. »

Apparemment, c'est plein de bon sens et les économistes évoquent parfois cette perspective lorsqu'ils parlent de la redistribution du capital. Il ne faut qu'un instant de réflexion pour s'apercevoir que c'est aussi invraisemblable psychologiquement qu'irréalisable matériellement. A moins qu'un gouvernement, encore plus dirigiste que les autres, en arrive à établir l'alternance de l'enrichissement, comme on l'a déjà fait avec le stationnement automobile dans les agglomérations urbaines.

En un quart de siècle, j'ai assisté à une certaine décadence de notre société et à une nette évolution du théâtre parisien. Ceci explique peut-être cela. Parmi les expériences vécues les plus intéressantes, qu'il me soit permis de noter ce spectacle importé de Londres dans une petite salle de la Mouff. Pris en charge dès l'entrée par des comédiens, ouvreurs, machinistes, psychothérapeutes, les spectateurs venus assister à une quelconque pièce d'Arrabal étaient embrassés, caressés, giflés et même mordus, tandis qu'on les accompagnait jusqu'à leur siège. De l'autre côté de la Manche, d'ailleurs, on allait beaucoup plus loin, puisque le public était à moitié déshabillé, privé de ses montres, de ses portefeuilles et contraint d'endosser des tenues de policemen. Certains soirs, lorsqu'il y avait dans la salle plus de masochistes que d'amateurs de théâtre, on poussait même la cruauté jusqu'à infliger des tortures, avec des électrodes posées aux bons (c'est-à-dire aux mauvais) endroits, à des couples choisis au hasard.

Je garde aussi un souvenir ému d'une soirée passée à l' « Espace Cardin » à sautiller en chaussettes et à jouer au ballon.

Excellent souvenir également que ce concert donné dans une porcherie par un ensemble de musique de chambre. Un savant avait affirmé au fermier que le répertoire classique accélérait le développement de l'animal et que sa chair était plus savoureuse si on lui faisait entendre de temps en temps du Bach ou du Vivaldi.

Un autre jour, j'assistai au récital de Marie-Françoise Buquet, une jeune pianiste accompagnée, non par un altiste comme tant d'autres, mais par un épagneul breton chargé de choisir le programme. Radjah — c'est le nom de ce fabuleux animal — se nourrit en effet presque exclusivement de partitions. Il aime Fauré et César Franck (sans doute en raison d'un papier léger et parfumé), mais trouve Stockhausen et Pierre Boullez complètement indigestes. A peine sa maîtresse a-t-elle fini d'exécuter un morceau qu'il se précipite sur la partition et la dévore.

D'habitude, les chiens sont plus affectueux avec les portées...

Marie-Laure de Noailles était un personnage étrange et paradoxal. Détentrice d'une des plus grosses fortunes hexagonales, elle s'habillait comme une femme de ménage et circulait dans son superbe hôtel particulier de la place des Etats-Unis, truffé de Goya et de Rubens, en savates éculées. Elle raffolait de l'intelligentsia, maniait elle-même la plume avec une certaine habileté, mais passait de longues heures à rêver dans sa chambre qu'elle avait entièrement tapissée avec les cartes postales expédiées par ses amis. Amie des artistes, des jeunes comédiens et des toreros musclés, elle fut une des dernières Parisiennes à pouvoir lancer une mode ou un talent.

Le Festival de Cannes, qui n'est plus guère aujourd'hui qu'un vulgaire marché de la pellicule, constitua longtemps une superproduction en chair, en os, en bons mots et en caviar, haute en couleur et tout à fait réjouissante pour qui s'intéressait plus à l'homme qu'à sa représentation sur le grand écran.

J'y glanais souvent de précieuses leçons d'humilité. Un jour, en sortant du Carlton, je fus pris à partie par une dame d'âge mûr et d'apparence respectable :

« Un autographe, s'il vous plaît !

— Désolé, madame, mais je ne suis qu'un petit journaliste...

— Cela ne fait rien, j'ai déjà dans mon carnet la signature d'un condamné à mort. »

Quelques heures plus tard, j'assiste sans broncher à un dialogue qui réunit Charles Aznavour et un important distributeur :

« Est-ce que dans votre prochain film, *La Tête contre les murs*, vous chanterez ?

— C'est difficile, l'histoire se déroule dans un asile d'aliénés. »

Consternation du financier qui réfléchit longuement :

« Je ne serai pas exigeant, mais vous ne pourriez pas fredonner quelque chose... un tout petit air... une dizaine de mesures... par exemple au moment où l'on vous passe la camisole de force ? »

En ce temps-là, le Festival se déroulait pour une bonne partie dans les villas de Super-Cannes, où la bonne société locale s'encanaillait voluptueusement en compagnie des artistes. Le regretté Jean-Gabriel Domergue conviait chez lui le gratin du trente-six mm et le mélangeait à ses relations habituelles. Le résultat était assez plaisant et l'on se bousculait devant ses buffets.

Un jour, cinq minutes avant le raout, le téléphone sonne :

« Ici le roi Umberto d'Italie. Je n'ai pas été invité à votre cocktail, mais cela me ferait infiniment plaisir de m'y rendre...

— Eh bien, venez », répondit Domergue.

Et reposant le téléphone :

« De toute façon, je ne peux pas refuser si c'est le roi et si c'est un farceur, je l'accueillerai avec grand plaisir. »

Grâce à Harry Pilcer, j'ai eu pendant quelques années l'impression d'avoir connu la Belle Epoque. Près d'un demi-siècle nous séparait et pourtant je n'ai jamais pu m'adresser à lui autrement qu'en le tutoyant. Aucunement par familiarité d'ailleurs, mais parce que j'avais l'impression qu'il était opiniâtrement de ma génération.

On ne sut jamais son âge exact. On murmurait qu'à soixante-dix-huit ans il faisait encore le grand écart les soirs de réveillon aux Ambassadeurs de Cannes. Depuis bien des années, une fois pour toutes, il paraissait s'être arrêté « dans la soixantaine » comme on se fixe dans le Midi. Belle stabilité de caractère qu'étayait une jeunesse naturelle du cœur et une existence que d'aucuns supposaient tourmentée, mais qui fut en réalité paisible, sans grande passion autre que celle de durer le plus longtemps et le mieux possible. Minutieusement ordonné dans son apparent désordre, Pilcer était un bourgeois nocturne, se couchant à l'aube, dormant durant la journée, passant chaque soir plusieurs heures à sa toilette avec des coquetteries touchantes et vaines. Il commençait à vivre un peu avant minuit sous l'éclat cruel des lustres du casino. L'orgueil de ses dernières années aura été sa collection de smokings : à la faveur d'un voyage en Italie, il s'en était fait faire douze de nuances différentes, du jaune safran au rouge groseille.

De sa splendeur passée, il ne conservait que quelques bijoux dont il taisait par pudeur la provenance. Mais ses derniers intimes n'ignoraient pas qu'à chaque perle de son plastron demeurait attaché un tendre souvenir.

Son drame était quotidien : professionnellement obligé de vivre dans les salles de jeu, il ne pouvait se défendre de sa passion pour les tapis verts. Avait-il perçu un cachet ? Touchait-il une petite rente ? Il courait vers la table de trente-et-quarante aussi sûrement, aussi irrésistiblement qu'un grand fleuve se précipite vers la mer. Joueur impénitent, ami prodigue, il vivait chez François André continuellement dans son ombre, comme le fils de la maison. Comme un enfant mineur très exactement : assuré du vivre et du couvert, sachant que ses fantaisies ne le laisseraient jamais sans abri, mais qu'il ne garderait jamais plus d'une heure les cadeaux du milliardaire.

Pilcer ne se déplaçait jamais sans des bagages extraordinairement biscornus, recelant toute sa fortune, c'est-à-dire sa collection de tableaux personnels (sans aucune valeur) et à peu près deux cents boîtes d'onguents rajeunissants, d'élixirs miraculeux et de pommades de jouvence qu'il faisait venir à grands frais de son Amérique natale. La moindre apparition en public mettait l'ancien amant de Gaby Deslys dans un état second, dans une espèce de jubilation profonde qui lui redonnait toutes les énergies. Eprouvait-il un léger malaise ? Avait-il besoin d'un quart d'heure de repos ? Il se dissimulait dans les coulisses ou dans quelque recoin sombre pour que personne ne le vît autrement que dans sa grande forme.

Ajouterai-je que ce flambeur avait exigé par testament d'être incinéré au colombarium du Père-Lachaise ?...

On ne le dira jamais assez : les artistes sont les derniers êtres à rompre la monotonie d'une société trop bien ordonnée et à apporter dans leurs bagages — lorsqu'ils en ont — le grain d'ellébore qui nous manque, la fantaisie, l'imprévu et les impondérables qui ne sont pas du goût de tout le monde.

Je me souviens par exemple de Bob Dylan au Savoy de Londres : toute la journée le chanteur et sa suite se promenaient en haillons dans les couloirs, jouant de l'harmonica ou du trombone, prenant grossièrement à partie la clientèle et le personnel. Au restaurant, leur menu était toujours le même : sandwiches trempés dans du potage et arrosés de beaujolais. La tension monta lorsque le chanteur et sa mafia revinrent un jour avec des pots de peinture, des pinceaux et des échelles et qu'ils se mirent à redécorer à leur manière les « suites » somptueuses qu'on leur avait affectées.

De même, je garde un bon souvenir de Salvador Dali exigeant — et obtenant — qu'on mette à sa disposition une Rolls-Royce pleine de choux-fleurs pour se rendre à un gala.

Finalement, il n'y a pas de meilleur moyen d'établir sa suprématie intellectuelle que de faire faire des bêtises à des gens intelligents.

Il faut admirer certaines réussites comme celle de Sheila. Elles sont dues au talent, bien sûr, à la chance évidemment, mais aussi à l'obstination, à l'organisation, à la coalition. Autour de sa vedette, Claude Carrère, son Pygmalion, a tissé une espèce d'écran protecteur où le hasard et la malchance — ces intempéries de la gloire — n'ont plus de place.

La vedette ne se déplace jamais sans un car

bondé d'admiratrices chargées de pousser aux meilleurs moments (et parfois aux plus mauvais) ces cris aigus de filles chatouillées dont parle Paul Valéry, mais à propos de tout autre chose et dans *Le Cimetière marin.*

Entre deux chansons, tout demeure réglé comme sur du papier à musique : les transports, l'enthousiasme, les repas et même les besoins naturels. A cet égard, j'ai pu voir de près la minutie de cette admirable organisation. Sheila fait avec moi une émission dans une salle de la rue de la Gaîté. Il convient donc de prévoir toutes les séquelles du fanatisme spontané ou provoqué que suscitera son apparition. Il faut prévenir police-secours (c'est prudent pour l'ordre et la circulation ; c'est recommandé pour le standing de l'artiste). Mais on doit aussi veiller à ce qu'elle ne souffre point de soif, de faim ou d'autre chose lorsque ses « fans » la bloqueront dans la régie sans qu'elle puisse prétendre sortir pendant de longues heures. Il est convenu avec un restaurant proche qu'il lui apportera un bifteack haché réparateur après la troisième chanson.

Reste le problème des besoins naturels. Aller aux toilettes ? Il n'y faut point penser : un mur de poitrines l'interdit absolument. Un bassin ? Ce serait disgracieux. Claude Carrère a alors une de ces idées de génie qui ont fait sa fortune : il avise un lavabo placé dans le recoin du studio, approche prestement une chaise, prie une secrétaire présente d'escalader le tout. On suppute l'angle d'attaque, l'équilibre de l'intéressée, l'écoulement du liquide : bon pour le son. C'est-à-dire que, moyennant la disposition d'un paravent (les vedettes ont parfois de ces pudeurs incompréhensibles...), la gracieuse Sheila est assurée de pouvoir évacuer son trop-plein personnel.

Ce n'est qu'un détail, mais il m'a frappé. Et je n'ai jamais rencontré par la suite la jeune chanteuse sans penser à l'instabilité de la position de certains artistes.

Je crois qu'on ne juge jamais mieux ses contemporains que lorsqu'on les rencontre à l'étranger. Un jour d'avril 1965, j'ai rendu visite à Lénine dans son mausolée de la place Rouge en compagnie d'un petit groupe composé de Marcel et de Juliette Achard, de Pierre Cardin, de Porfirio Rubirosa et de Gunther Sachs. On a beau ne pas être d'obédience marxiste, on ne peut s'empêcher, dans un tel lieu et avec de tels compagnons, de sentir toute l'incongruité de la situation. On a beau savoir que Jacqueline de Ribes s'est fait faire un Chanel discret spécialement pour l'occasion ou qu'Hélène Rochas a choisi son vison le plus pâle, la coexistence pacifique de deux sociétés aussi opposées ne se fait pas si aisément au cœur de Moscou.

Il s'agissait d'un « charter » de personnalités parisiennes venues accompagner Gilbert Bécaud afin de l'encourager durant son premier grand gala soviétique. Visiblement, les autochtones n'étaient pas très au courant de la vie parisienne. On prit Mme Maurice Rheims pour une sociétaire de la Comédie-Française et Marcel Achard pour le directeur du cirque Médrano.

Le débarquement à deux heures du matin dans le hall de l'hôtel Ukrainia se rejoint curieusement dans ma mémoire avec mon incorporation au sein de l'armée française. Nous étions regroupés autour d'un personnage à figure d'adjudant, qui représentait l'Intourist. Une brume légère s'élevait de la Moskova tandis que l'on distribuait les clefs avec un dédain des particules et des titres qui donnait encore un peu plus froid dans le dos :

« Vilmorin Louise ?

— Présente !

— Furstemberg Ira ?

— Me voilà !

— Floriot René ?

— Présent ! »

Et ils sortaient du rang, prenaient docilement la clef qu'on leur tendait et empoignaient leurs bagages avant d'aller se répartir dans les sacs de couchage de l'Ukrainia.

Aussitôt installés, nous eûmes soif. Nous cherchâmes en vain les boutons du service d'abord, le téléphone ensuite. La surveillante moustachue de garde sur le palier, et surtout préposée à la moralité de l'étage (Bécaud ne put recevoir dans sa chambre la visite d'une jeune admiratrice locale que lorsqu'elle revint porteuse d'un énorme carton à chapeau), nous expliqua par gestes que nous n'avions qu'à passer un chandail sur notre pyjama et à descendre, vingt-neuf étages plus bas, à l'économat où l'on nous confierait une petite bouteille.

Je ne suis pas sûr du tout que cette expédition ait contribué au rapprochement de nos deux pays. Le lendemain soir, au gala de Bécaud, les spectateurs moscovites, qui avaient eu beaucoup de mal à trouver des places, nous regardaient un peu de travers. Visiblement, ils ne comprenaient point que des Parisiens eussent immobilisé cent fauteuils du Théâtre d'Estrade pour un spectacle qu'ils pouvaient applaudir si facilement chez eux. Ajoutez à cela que quelques-unes de nos élégantes tombèrent en arrêt devant des femmes maçons travaillant sur leurs échafaudages. On photographia à qui mieux

mieux les vaillantes ouvrières, en produisant des cris d'oiseaux pour qu'elles regardent l'objectif.

Le résultat apparut le lendemain dans la presse du cru où notre randonnée culturelle fut qualifiée de « déplacement de péronnelles et de vaporeux ».

Je ne suis jamais parvenu à rencontrer professionnellement maître René Floriot, mais j'ai passé d'innombrables heures amicales avec lui. Cette constatation ne s'explique pas seulement par le fait que, n'étant ni chroniqueur judiciaire, ni accusé, ni témoin, j'ai fort peu fréquenté les assises. Je dois aussi avouer que Floriot a toujours pris la tangente lorsqu'il s'agissait d'aller en découdre en ma compagnie. Je ne peux lui en vouloir car il m'a appris beaucoup de choses sous seing privé.

Dans cette société parisienne complexe, Floriot est un personnage d'une simplicité tout à fait déroutante. Quand il n'a pas d'estime pour quelqu'un, il le lui dit ; quand il a envie d'une femme, il le lui montre ; quand il a soif, il boit ; quand il enrage de cette vie trop bien réglée (son célibat à lui et les divorces des autres), il va se perdre dans la brousse africaine. Là, pendant un mois, aidé par des individus qui n'ont jamais entendu parler du Code de procédure pénale, il attend les grands fauves, le doigt sur la détente avec ce sourire un peu crispé que connaissent bien les avocats de la partie adverse et surtout les experts.

Bourreau de travail, Floriot n'a cependant rien d'un ascète. Ce maître du barreau se tient bien à table et va volontiers au lit. Avec son vieux complice, Jean de Beaumont, il sait mettre à l'aise les femmes du monde les plus pimbêches. Il suffit d'une claque judicieusement appliquée sur leur partie postérieure, au moment de passer à table, pour détendre l'atmosphère.

Comme tous les dons Juans très occupés, le cher maître pratique également volontiers l'assaut dit « à la hussarde ». Combien de jeunes personnes venues quêter un conseil ou une dédicace n'ont dû leur salut qu'à la vélocité qui leur permettait de courir autour du bureau plus vite que leur fougueux poursuivant !

Cela dit, j'éprouve une très grande admiration pour Floriot car il est — suprême qualité compensant bien des défauts mineurs — le Français le plus clair et le plus précis que je connaisse. Alors que dans la plupart des autres professions libérales, les gens ne font carrière et fortune qu'en embrouillant à plaisir les données les plus simples, qu'en complexifiant à l'excès la discipline qui les fait vivre, qu'en s'abritant derrière l'écran d'un vocabulaire hermétique, Floriot, lui, aborde les grands sujets avec les mots de tous les jours. Quand, entamant la seconde phase d'une plaidoirie, il lance en se retournant vers les jurés sa fameuse expression : « Il n'y a qu'un malheur ! » on peut être assuré que tout va devenir clair, mais de quelle clarté ? De la sienne, bien sûr. Et s'il n'était pas aussi intellectuellement honnête ? Et si sa vocation ne l'avait rangé du côté de la veuve et de l'orphelin ? Et s'il avait fait une carrière de procureur général ? Et s'il s'était lancé dans la politique ? Son talent n'eût-il pas été moins utile et plus dangereux ?

Dieu merci, il est avocat. Et puis la haute idée qu'il se fait de son métier, ses succès dans les prétoires et sa réussite matérielle lui font surtout choisir les bonnes causes (je ne veux pas dire obligatoirement celles de l'innocence) et le mettent à l'abri de toutes les tentations.

Après un demi-siècle de palais, Floriot ne nourrit plus guère d'illusions sur le genre humain, et tout au plus peut-il trouver que la machine judiciaire ne fonctionne pas toujours très bien, tant du côté des accusateurs que de celui des accusés.

Des premiers, il remarque volontiers :

« Je n'ai jamais compris pourquoi le défenseur devait poser ses questions au témoin par l'intermédiaire du président alors que l'avocat général les formulait directement. »

Des seconds, il dit :

« Un criminel intelligent et solitaire, qui ne se laisse pas aller à des dépenses inconsidérées et à des confessions dangereuses, ne devrait jamais être démasqué. Encore que le métier de meurtrier soit devenu beaucoup plus difficile qu'au siècle dernier. On peut maintenant procéder à toutes sortes d'analyses très poussées. A telle enseigne qu'il est désormais plus facile de faire disparaître dix personnes qu'une tache de sang. »

Sur les erreurs judiciaires, Floriot est intarissable. Elles ne sont d'ailleurs pas toutes au détriment des accusés :

« Il est certain que de nombreux coupables sont acquittés. Les magistrats ne sont d'ailleurs pas dupes de ces sortes de victoires obtenues au bénéfice du doute. J'ai connu un président qui, dans ce cas-là, déclarait en donnant lecture du jugement : « La « cour vous acquitte, monsieur, mais n'y revenez « pas. »

Un des artistes les plus audacieux que j'aie connus se nomme Uriburu. Ce garçon pas plus doué que moi pour le dessin avait imaginé de défrayer la chronique artistique de son temps en colorant de grandes étendues d'eau. Ainsi mit-il le lac Daumesnil au vert et donna-t-il une belle teinte violette aux grandes eaux de Versailles avant d'aller à Venise déverser des pots de peinture écarlate dans le grand canal. Comme il s'agit d'œuvres extrêmement éphémères (la coloration commence à s'estomper au bout de deux heures, surtout lorsqu'il y a du courant et du vent), et par conséquent invendables, je me demande bien où Uriburu trouve les capitaux nécessaires à ses fredaines.

Il appartient, prétend-il, à cette école des « artistes de l'environnement » qui font fureur outre-Atlantique, dont certains n'hésitent pas à envelopper de plastique transparent des kilomètres de côtes ou à creuser des trous dans le désert avant de les proposer contre espèces à des amateurs éclairés.

On n'a pas encore trouvé de vaccin contre la « cardinite », ce mal qui s'attaque à toutes les formes d'activité. Pierre Cardin, touche-à-tout fébrile, aurait pu se contenter d'habiller les hommes, les femmes, les anges, les voitures et les boîtes de chocolat. Mais d'avoir planté des boutiques un peu partout, converti les Japonais au complet veston, fourni des cache-sexe abstraits aux Noirs et taillé des habits d'académicien ne suffisaient pas à sa gloire. Ni de se montrer la main dans la main avec des actrices connues, la veille des collections. Il manquait d'espace. L'affaire fut menée rondement, on le sait. Cardin a pris la concession du théâtre des Ambassadeurs, une superbe salle où les Parisiens s'étaient écrasés pendant quarante ans. Il en a fait un endroit inconfortable et désolé où personne ne met plus les pieds. Le commerce de la limonade entrepris parallèlement n'est guère plus brillant que celu des pièces d'avant-garde et des troupes farfelues importées à grands frais au-dessus de l'Atlantique.

Mais tout cela est assez moral : l'argent gagné dans la bonneterie fine, va désormais à des comédiens, à des cuisiniers, à des barmen...

XVII

ETANT parvenu à utiliser une certaine fantaisie à des fins professionnelles, je crois finalement être plus sérieux que la plupart de mes contemporains, moins méchant aussi, puisqu'on me paie pour me défouler et que, le lendemain des jours où je ne me suis pas montré assez agressif à l'égard de mes invités, mes employeurs (ou le public) me demandent si je ne suis pas fatigué. Connaissez-vous un autre job où l'on soit encouragé de la sorte ? Où la matière première soit uniquement constituée de sarcasmes, de moqueries et d'humour ? Moi pas. Et c'est pour cette raison que je conserve ma petite spécialité, même si je la trouve parfois pesante, même si le fossé ne cesse de se creuser entre mon personnage professionnel et ce que je crois être à titre privé.

Ma vie est pour l'instant d'une simplicité qui confine au manque d'imagination : un seul mariage et vingt-deux ans dans le même journal avant de passer depuis le 1er avril 73 dans un second : *France-Soir*. Qui dit mieux ? Voici trente-trois ans que j'habite la même rue. Je me suis contenté d'aller du 81 au 82. Mais on me pardonnera lorsqu'on saura que, pour une fois, ces deux numéros se font parfaitement vis-à-vis. J'ai deux enfants dont je suis beaucoup plus fier que du reste et qui s'occupent beaucoup moins de ma coupable industrie que je ne me penche sur leurs progrès scolaires. Ils me tiennent — et sans doute ont-ils raison — pour une espèce de petit fonctionnaire de l'humour. Ils ne me posent d'ailleurs de questions sur ce que je fais que lorsqu'ils savent que j'ai pu approcher une de leurs très rares et très éphémères idoles.

Je gagne correctement ma vie, encore que je sois astreint à un nombre d'heures de travail qui découragerait n'importe quel délégué syndical. J'ai parfaitement conscience qu'on me paie pour de fausses audaces, pour être l'affreux Jojo d'une société qui se donne ainsi bonne conscience en laissant de temps à autre un individu parfaitement inoffensif dire ou écrire tout ce qui lui passe par la tête.

Jusqu'à présent, n'ayant jamais reçu un billet de dix francs que ne m'ait procuré mon travail, j'étais assez fier de la petite aisance que j'ai pu donner à ma famille.

Or, voilà qu'aujourd'hui, je commence à avoir honte. Des gens qui gagnent beaucoup plus d'argent que moi ne cessent de m'expliquer combien le profit est honteux. D'autres qui n'aspirent qu'à toucher des émoluments égaux aux miens me font grief de dépenses qui, pourtant, contribuent à la vie économique du pays, à la prospérité des ouvriers et des paysans.

Je ne comprends plus très bien. J'ai interviewé dernièrement Jean-Edern Hallier, ce jeune châtelain maoïste qui fait la révolution comme ses ancêtres faisaient du cheval. Impossible de lui faire dire comment il verrait la société idéale, ni les réformes que lui et ses amis mettraient en œuvre si d'aventure (ô combien !) ils arrivaient au pouvoir.

Il est milliardaire, moi je suis un salarié, mais

c'est moi le bourgeois. Il n'entend d'ailleurs pas distribuer quoi que ce soit de sa fortune personnelle à ses compagnons de lutte. Comment prendre au sérieux quelqu'un qui souhaite casser la vaisselle des autres mais qui range aussi précieusement ses plats armoriés dans de vieux bahuts bretons ?

En quoi le profit honnête est-il honteux ? J'écris ou je parle. On me paie. Le fisc passe et prélève sa lourde dîme. Le reste va aux petits commerçants, aux garagistes et aux ouvriers du bâtiment. Je ne thésaurise point. De temps en temps, j'achète quelques livres pour compléter ma bibliothèque ou quelques mètres carrés de terrain pour agrandir mon jardin. Il paraît que ce n'est pas bien. On m'assure que je ne me plains pas assez de la dureté des temps, que je devrais avoir quelques solides dettes (même si je possède à mon compte en banque l'argent pour les régler). Bref, que l'on ne peut pas aujourd'hui être un honnête homme au sens que le XVIIe siècle donnait à ce mot sans sacrifier à un certain misérabilisme de façade.

Les nantis que j'approche ne parlent que du Vietnam entre deux bouchées de caviar. C'est leur façon à eux de lutter contre la faim que de s'attabler chaque midi chez Maxim's. Mais les graves sujets qu'ils traitent ainsi les dédouanent à leurs yeux et — croient-ils — aux oreilles du personnel qui les sert avec une obséquiosité de plus en plus suspecte.

J'ai des domestiques. Pardon : des employés de maison. Il paraît que ce n'est pas bien non plus. Pourtant, je m'efforce de jouer le jeu : je leur donne de plus en plus et je demande de moins en moins... Des amis m'ont assuré qu'il serait plus noble de préparer moi-même mon frichti, sans s'aviser que ce jour-là ils n'éprouveraient plus aucun plaisir à venir déjeuner chez moi.

Vous commencez à comprendre mes inquiétudes et mes angoisses devant l'obscurité totale de la situation.

Je suis né à un mauvais moment, puisque mes salaires n'ont cessé de monter, tandis que baissait, non pas le pouvoir, mais la franchise d'utilisation accordée à l'argent. A ce train-là, dans cinq ans, personne n'aura plus le courage de son portefeuille. On ne pourra plus rien dépenser sans porter atteinte au civisme et les Français en seront réduits à enterrer leurs économies au fond du jardin en attendant des jours meilleurs. Les riches vivront comme des pauvres, alors que depuis une dizaine d'années, et les progrès de l'automobile aidant, les pauvres se sont mis à vivre comme des riches.

Me trouvant situé à égale distance des deux parties, j'ignore de quel côté je tomberai, je sais seulement que l'honorabilité croît désormais en fonction inverse du S.M.I.G. et que je n'ai pas d'autre alternative : crever de faim ou mourir déshonoré.

Jamais la frontière entre le bien et le mal, entre le sérieux et le badin ne m'a paru aussi ténue, aussi fragile, aussi arbitraire. La vie parisienne offre à cet égard un nombre record de confusions. Qu'est-ce qui sépare le faux talent d'un vrai, sinon souvent un diplôme, un peu de chance ou pas mal de culot ?

Deux événements plaisants auxquels j'ai assisté personnellement, m'ont beaucoup fait réfléchir sur le problème des spécialisations. Tous les deux eurent pour cadre le grand amphithéâtre de l'Ecole polytechnique. Là, devant l'aréopage des élèves en grand uniforme, général en tête, deux orateurs imprévus — Salvador Dali et Pierre Dac — donnèrent une conférence.

Dali avait choisi de traiter : « Rembrandt était-il aveugle ? » Un thème en forme de paradoxe qui lui est cher ; tandis que Dac vantait à grand renfort de néologismes farfelus son fameux « Biglotron ».

Commencées dans une certaine allégresse canularesque, ces causeries s'achèvent dans l'enthousiasme et le sérieux. Personnellement, j'avais connu ce moment assez rare de rêve et d'incertitude où toutes les notions qu'on croyait bien arrêtées basculent soudain, où il n'y a plus de différence entre l'œuvre et le pastiche, entre l'acte et son simulacre.

Les jeunes X, eux, s'étaient montrés sensibles à la logique (interne) des propos qui leur avaient été tenus et, comme les orateurs se produisaient dans un cadre lié depuis des décennies à d'austères interventions, ils en avaient peu à peu perdu de vue le côté plaisantin. Au demeurant, si Dali et Dac avaient pris le risque de se prêter à une réunion qui pouvait se terminer en mascarade, c'est parce que ces deux rigolos-là, plus que tous les autres, souffrent de ne pas être pris au sérieux.

Ils ont la même tendance (paranoïaque, dirait le premier) au didactisme, étant parvenus — mais par des voies très différentes — aux mêmes conclusions que la plupart des grands savants et des philosophes importants de leur génération. Ils enragent qu'on sourit de leurs formules alors qu'on en applaudit d'autres moins claires et moins ingénieuses.

Qu'un ministre de l'Education nationale avisé ou humoriste fasse de ces deux chargés de cours exceptionnels des professeurs à part entière et je vous fiche mon billet qu'il ne leur faudra pas six mois pour s'imposer à un auditoire juvénile.

Louis Leprince-Ringuet n'a-t-il pas accepté de préfacer les dernières *Pensées* de Pierre Dac ? Et l'inventeur des « montres molles » n'est-il point docteur *honoris causa* d'innombrables universités ? La valeur ne réside donc pas dans les ingrédients, mais dans les proportions.

Sur une même latitude sociale et intellectuelle, figurent le comédien le plus doué, l'avocat le plus retors, l'humoriste le plus subtil, le plus grand savant et le peintre le plus fou. Toutes les mystifications de quelque envergure tournent à la démythification et, chaque fois qu'ils sont confrontés, l'esprit pur triomphe de l'esprit d'érudition, l'autodidacte de l'agrégé, le créateur de l'exégète.

Les gens que je vois autour de moi tenir le haut du pavé sortent de Normale supérieure ou de l'école communale. Preuve qu'il vaut mieux aujourd'hui, lorsqu'on n'est pas capable de faire des études exceptionnelles, être le roi des cancres. La médiocrité au sens latin ne paie plus.

Bien entretenu, le mystère peut très longtemps subsister. Rien ne me paraît plus probant à ce propos que l'affaire Ansaldi. Il y a sept ou huit ans, je reçus par la poste et sans aucune indication d'expéditeur un petit livre intitulé : *La Sagesse d'Ansaldi*. Je le feuilletai d'un doigt lointain, puis mes yeux s'arrêtèrent sur des maximes dont je goûtai le style et l'originalité. Je lus le bouquin de la première à la dernière ligne.

Dans une préface, on expliquait qu'Ansaldi, prince authentique (mais on ne disait pas de quel pays) avait choisi depuis quelques années de se retirer à Nice, afin de se consacrer à une œuvre déjà importante : on ne citait pas moins de soixante titres.

Les autres chapitres, qui traitaient de la société contemporaine sous forme de textes très courts mais très incisifs, m'enthousiasmèrent. J'y trouvai un zeste de Chamfort, l'influence du meilleur Victor Hugo (celui des *Choses vues*), des bribes de Jules

Renard et d'Alphonse Allais, un cousinage indéniable avec Schopenhauer et Mark Twain.

Je voulus savoir qui était Ansaldi et je commandai une série d'enquêtes. A l'adresse indiquée à Nice, il était parfaitement inconnu. On ne trouva pas plus sa trace dans les principaux consulats de la ville. Toutes les recherches effectuées en Italie où, affirmait-il, se trouvait le berceau de sa famille, furent vaines. Quant à l'imprimeur des presses duquel était sorti le bouquin, il ne se souvenait absolument plus qu'on lui en avait confié la fabrication.

Au bout de trois mois de démarches infructueuses, je refermai le dossier et classai définitivement l'affaire. Je relis parfois les pensées d'Ansaldi. Je les trouve toujours aussi juteuses, mais je ne saurai jamais quel grand esprit ou quel petit plaisantin en est l'auteur.

En matière d'esprit comme de fortune, on ne prête qu'aux riches. Ainsi a-t-on très souvent attribué au général de Gaulle des boutades qui n'étaient pas de son cru, mais qu'il aurait très bien pu proférer. De toute façon, il ne fallait pas attendre de lui un désaveu de paternité puisque son incommensurable mépris de la presse lui interdisait même les démentis.

Parmi ces innombrables « mots », il y en a un d'apparence anodine qui je place au-dessus de tous les autres, parce qu'il contient implicitement presque toutes les lignes de force de son auteur. A savoir : la galanterie, un certain mépris de l'argent et de ceux qui le gagnent, un mépris encore plus grand pour ceux qui font preuve d'ostentation et qui se parent des plumes du paon.

C'était voici une dizaine d'années, à un de ces

bals de l'Elysée où le Général conviait sa Cour, c'est-à-dire ses ministres, ses conseillers et les hauts dignitaires du régime. Le Général remarque la femme d'un jeune secrétaire d'Etat qui se tient tristement dans une encoignure. Gentil, il engage le dialogue :

« Pourquoi avez-vous l'air aussi sombre ?

— Je suis gênée parce que, chaque fois que je viens ici, j'ai toujours la même robe... »

Alors le chef de l'Etat, après avoir embrassé d'un regard sans indulgence le reste de l'assemblée :

« Eh bien, chère madame, cela prouve au moins qu'elle vous appartient. »

La jeune femme qui, les larmes aux yeux, m'a conté cette anecdote aurait, maintenant que son mari s'est lancé dans les affaires, les moyens de renouveler son vestiaire, mais elle continue à porter cette robe-là, en guise de souvenir et d'hommage, comme une relique, comme un symbole de fidélité.

C'est apparemment la loi profonde de notre société : l'argent va à l'argent, les honneurs vont aux honneurs. Passe encore pour la première constante puisqu'elle résulte d'un principe arithmétique d'abord, géométrique ensuite, mais pour la seconde je ne suis plus d'accord.

Pourquoi celui qui a réussi est-il toujours le mieux placé partout, le plus comblé de cadeaux ? Pourquoi ne paie-t-il ni ses livres, ni ses disques, ni ses fauteuils de théâtre, ni ses tickets de cinéma ? Pourquoi est-ce le pauvre qui débourse pour lui ? La vieille loi des compensations n'a jamais été aussi bafouée que par les maîtresses de maison qui, le soir venu, attribuent la place d'honneur à ceux qui l'ont déjà occupée toute la journée.

Je ne vois guère que la radio de ces dernières années qui ait su donner autant la vedette à l'homme de la rue, le hissant plus ou moins éphémérement au pinacle sans lui demander autre chose que d'avoir une voix.

Voilà bien une de mes contradictions les plus courantes : je ne peux pas sentir beaucoup de gens et pourtant je possède un odorat surdéveloppé, un véritable nez de chien. Entendez par là que je ne suis pas seulement sensible aux haleines fortes ou aux effluves de cuisine. Tout être humain, pour peu que je l'approche, à quelques dizaines de centimètres, me paraît avoir une odeur personnelle, particulière, originale. C'est vous dire si je souffre dans les transports en commun, dans les salles de spectacle, dans les taxis même, dont les chauffeurs ne sont pas toujours des modèles d'hygiène. A peine ai-je posé une fesse sur la banquette que je suis assailli par l'odeur du conducteur, bien sûr, mais aussi par celle du dernier client, du tabac ou du chien favori que l'automédon dissimule pourtant généralement à l'avant, sous un châle. Je peux dire les yeux fermés s'il porte un vêtement de cuir, si sa casquette est graisseuse, s'il suce des bonbons, si son cendrier recèle des mégots froids.

C'est sans doute pour cette raison que j'ai beaucoup aimé le cirque : les parfums y sont plus forts que partout ailleurs et, pour qui sait ouvrir les narines, la gamme des effluves est infinie.

Cette sensibilité s'est beaucoup développée avec l'âge. Lorsque j'avais vingt ans, je n'étais, Dieu merci — il y a des grâces d'état —, nullement incommodé par les remugles que dispensent, au petit matin dans les casernes, les chambrées les mieux entretenues.

Les réactions des êtres humains sur le plan de l'odorat sont d'ailleurs variées et inattendues. Lorsque je prospectais encore — durant la période de ma vie que mes parents croyaient consacrée aux études — les thés dansants de la capitale, je m'étais pris de sympathie pour une sexagénaire qui jouait les « Dames Pipi » au Mikado. Lorsque l'orchestre jouait un paso doble ou une valse (deux rythmes que je n'ai jamais su me mettre dans les jambes), je venais bavarder avec elle et elle me racontait sa vie. Avant de tenir la soucoupe dans cet endroit pas très bien famé, elle avait régné sur les toilettes de l'hôtel Terminus à Saint-Lazare, véritable petit empire de mosaïque qui lui assurait des revenus dix fois supérieurs à ceux qu'elle retirait de nos parcimonieuses vessies de séducteurs. Et comme je lui demandais la raison qui l'avait poussée à un changement dont elle n'avait tiré que des désagréments, elle eut ce mot :

« Je suis partie parce que là-bas les W.-C. étaient trop près de la cuisine. L'odeur des plats me donnait mal à la tête... »

Je compte sur les doigts d'une seule main les amis, les vrais, que je possède dans le milieu artistique. Le désir de ne pas « épouser ma clientèle », l'ambition de séparer le privé et le professionnel, la conscience que dans ma spécialité les amis pèsent beaucoup plus que les ennemis, mon goût de l'indépendance et parfois de la solitude, ma méfiance foncière envers des gens dont le métier est de feindre des sentiments qu'ils n'éprouvent point, ma haine du narcissisme enfin, m'ont toujours fait repousser les avances que certains comédiens ou chanteurs — au demeurant fort sympathiques — me faisaient.

La plupart des artistes ne cherchent d'ailleurs pas des amis, mais seulement un public d'appoint, des spectateurs de complément devant lesquels ils puissent continuer à faire leur numéro une fois le rideau tombé et les projecteurs éteints.

Il y a généralement en chacun d'eux autant d'égocentrisme que chez cent personnes normales réunies. Ils commencent par se regarder le nombril et, très vite, ils en arrivent à penser qu'un tel ombilic mérite plus qu'un seul regard. Comme ils ne s'intéressent qu'à eux-mêmes, ils sont bien incapables de prodiguer à autrui — et fût-ce par courtoisie ou par intérêt — la moindre parcelle d'attention.

Le prototype de cette paranoïa me paraît être Régine. Une personne dont je loue par ailleurs les dons et le courage. Pendant des années, j'ai été fâché avec elle. J'avais même écrit sur son compte des phrases qui ne prouvaient pas ma bonne éducation.

Un jour d'hiver, le hasard nous mit côte à côte, puis face à face sur la même plage, quasi déserte à cette époque, de Saint-Tropez. Elle fut précise et agressive. Je suis sensible à la franchise et après nous être assez copieusement injuriés pendant deux heures, nous allâmes boire le verre de la réconciliation.

Ma bonne volonté était si grande que, pendant les mois qui suivirent, je répondis assez souvent à ses invitations. Il ne fut jamais question que d'elle. Me sachant sans doute avare de compliments et totalement désintéressé du show business en dehors des heures de bureau, elle prenait les devants :

« Tu as vu le triomphe que j'ai fait cette semaine ? »

Ou bien :

« Cela n'a jamais marché aussi fort. Les Américains me font des ponts d'or. »

Point trop n'en faut. Je veux bien me réjouir du bonheur des amis, mais à condition qu'ils me laissent poser une question avant d'envoyer leurs réponses. Avec Régine, c'est impossible. Elle a si peur qu'on s'écarte du sujet qu'elle se plante dans la conversation comme le mât central d'un cirque. Au bout d'un moment, on se rend compte qu'on ne peut plus l'enlever car tout le reste s'écroulerait.

Or, pourtant elle est fort intelligente et si elle exerçait à ses dépens une infime partie du sens critique qu'elle emploie à l'égard des autres, elle saurait certainement se faire la douce violence qui la rendrait plus sympathique.

Je me souviens d'une soirée dans son entresol au-dessus de sa boîte à Montparnasse. Après le dîner, elle nous entraîna au salon afin de nous faire entendre son dernier disque. Au total, quatorze chansons qu'il fallut écouter en silence, en se bornant à hocher la tête admirativement. J'ai cessé de la voir depuis ce soir-là. Je n'ai rien contre les électrophones, mais je déteste qu'on remette toujours le même disque.

Beaucoup plus adroite est Ludmilla Tcherina, grande artiste aussi douée pour le dessin, la peinture, la sculpture, la comédie, la tragédie et la décoration que pour la danse.

Je la crois aussi préoccupée de sa carrière et de son personnage que Régine, mais elle a l'adresse — ou le cœur — de s'oublier parfois au profit des autres.

Prototype de l'intelligence féminine (je veux dire intuitive, obstinée et subtile jusqu'au machiavélisme), Tcherina a admirablement mené sa carrière, faisant peu de choses, mais à bon escient, et en s'entourant du maximum de garanties. Elle obtient plus de résultats avec un passage à la télévision par an que d'autres en vingt ans de carrière.

Trois personnages parfaitement dissemblables, opposés et contradictoires cohabitent en elle. Tout le monde connaît le premier — sophistiqué à souhait, hiératique, imposant, figé. Peu de gens soupçonnent le second : détendu, hilare, volontiers grivois. Le premier se prénomme Ludmilla, le second Monique.

Aucun rapport apparent entre ces deux êtres-là. Ludmilla avance dans la haute société, aérienne et compassée, vison et Légion d'honneur au vent. C'est une des dernières stars, c'est-à-dire une artiste qui a compris qu'aujourd'hui le mystère était la composante la plus rare et la plus précieuse de la notoriété. Apparemment dédaigneuse, méprisante même, elle promène sur l'humanité prosternée qui l'entoure un regard glacé.

Monique, elle, est une femme comblée, heureuse en ménage, qui aime le vin rouge, le camembert, les jeux de cartes et les histoires crues.

Avouerai-je que je n'ai jamais rencontré ces deux personnages le même jour ? Au cadre choisi, à la tenue qu'elle revêt, à sa coiffure même, à la nature des gens conviés, je sais si je vais avoir affaire à Monique ou à Ludmilla.

Il existe encore en elle un troisième personnage beaucoup plus secret, beaucoup plus étonnant, cent fois plus intime que seuls quelques privilégiés connaissent : c'est celui d'une petite-bourgeoise gourmande et frileuse. Epouse fidèle et amie espiègle que nous avons baptisée « Mémée Pluchon ».

Son mari, l'excellent Raymond Roi — un des hommes les plus sainement et simplement intelligents que je connaisse — est le seul monogame qui puisse se vanter de vivre avec trois femmes à la fois.

L'âge d'or du journalisme me semble révolu. L'histoire des confrères qui n'hésitaient pas, lors d'une affaire criminelle, à enquêter en même temps que les policiers et à trouver le coupable avant eux appartient déjà à la mythologie.

Le journaliste de la seconde moitié du XXe siècle ne peut plus guère se permettre de coups d'éclat. Les idées vraiment originales sont devenues rares. Le « scoop », c'est-à-dire le reportage totalement exclusif, n'apparaît plus guère que deux ou trois fois par an. Et encore, s'agit-il en général d'un reporter qui, à force d'insistance ou de gentillesse, a réussi à faire parler quelqu'un qui jusque-là ne s'était jamais départi de son silence.

Albert Londres est mort. Joseph Kessel siège à l'Académie. Lucien Bodard fait ses grands reportages à Paris. Le moindre petit chroniqueur a effectué au moins une fois le tour du monde. Bref, le fossé ne cesse de se combler entre les grands de ce métier et les petits, prisonniers des nouvelles contingences, nées de l'audio-visuel, de la sécurité de l'emploi, de la semaine de cinq jours et de la loi du moindre effort réunis.

Du coup, on ne parvient plus à une certaine notoriété que par la patience et l'obstination. Les « miraculés » de la presse — ceux qui ont réussi à se faire connaître avec un seul article tonitruant — disparaissent peu à peu. Les derniers aventuriers sont des photographes condamnés, par définition, à être plus sportifs et à prendre plus de risques physiques que les « écrivains ».

L'histoire de Jean Manzon, telle que la raconte volontiers Jean Prouvost, me paraît très significative d'un esprit d'aventure aujourd'hui disparu. Il y a une trentaine d'années, Manzon, formé à la dure école de *Paris-Soir*, fait le reportage de la retraite de Narvik, puis rejoint à Londres le général de Gaulle. Ce dernier lui ayant dit qu'il avait davantage besoin de baïonnettes que de téléobjectifs, Manzon reprend son matériel et s'en va tenter sa chance en Amérique du Sud. Riche seulement de son ambition, il débarque un matin à Rio. Les confrères locaux ne se poussent pas pour lui faire une place. La vie est difficile. Manzon se présente au magnat de la presse locale, Assis de Chateaubriand, et lui propose en vain ses services. A la fin de l'entretien, il lui dit :

« Si je réussissais à faire doubler votre tirage, m'engageriez-vous ?

— Bien sûr », dit l'autre, qui croit ainsi s'en tirer à peu de frais.

Manzon se rend directement chez l'unique député socialiste du pays, un tribun sur les épaules duquel reposent tous les espoirs des travailleurs et des déshérités. Une espèce d'original aussi, dont la popularité est très grande au Brésil. Manzon lui propose de le photographier en habit de cérémonie devant les marches du Parlement.

L'autre renâcle un peu. Il fait très chaud et il n'a pas tellement envie de suer sang et eau dans un frac.

« Qu'à cela ne tienne, rétorque Manzon. Comme je ne veux faire votre portrait qu'en buste, vous n'avez qu'à mettre votre chapeau, votre chemise, votre cravate et un veston, mais le pantalon et les chaussures ne sont pas obligatoires. »

Ravi, l'autre accepte. C'est donc pieds nus et en

bannière qu'il pose devant l'objectif de Manzon. Ce dernier, naturellement, cadre le personnage en entier. La photographie paraît en première page dans le journal de Chateaubriand. Elle connaît un succès foudroyant. Le tirage décuple. Manzon est engagé.

En ce qui me concerne, je ne puis dire que c'est un article plus qu'un autre qui a attiré sur moi l'attention des professionnels et celle du public. Toutefois, un reportage se détache indéniablement du lot puisque, sept années après sa parution, je continue à recevoir des lettres à son sujet.

Succès totalement inattendu d'ailleurs. Il ne s'agissait point de l'interview d'un chef d'Etat ou d'une actrice célèbre, mais plus prosaïquement d'une « marieuse » du quartier de l'Opéra dont je m'étais borné à donner l'initiale : Mme B... Un papier de quatre feuillets dactylographiés au fil duquel je racontais comment je m'étais présenté dans ses salons afin de trouver une âme sœur, comment elle m'avait reçu, les photographies qu'elle m'avait montrées, les conseils qui les assortissaient et enfin les quelques rencontres qu'elle m'avait ménagées avec infiniment de tact et de doigté.

Dans les jours qui suivirent, des centaines de lettres arrivèrent au *Figaro* pour me demander le nom et l'adresse de la personne en question. Mais plus étonnantes furent les réactions à moyen et à long terme. On sait que la poste ne marche pas toujours bien, mais il est quand même très rare que les abonnés reçoivent leur *Figaro* avec sept ans de retard ! Comment peut-on attendre aussi longtemps pour prendre connaissance d'un article ? J'ai eu la curiosité de me livrer à une discrète enquête auprès de ces correspondants tardifs. La plupart avaient bien lu l'article le jour même de sa parution, mais ils n'étaient alors pas encore veufs ou divorcés. Alors, à tout hasard, ils avaient découpé mon petit chef-d'œuvre et puis, plusieurs années plus tard, en sortant du cimetière ou de l'audience des conciliations, ils s'étaient senti l'envie de refaire leur vie et avaient exhumé les confidences de la marieuse.

Je ne manque jamais de raconter cette anecdote aux jeunes confrères qui bâclent leur ouvrage en prétendant qu'un article est aussi éphémère qu'un papillon.

J'ai eu en vingt ans quelques procès. Je m'en suis toujours sorti au mieux, tant il est vrai que, dans le maquis complexe des textes concernant la diffamation, un bon avocat peut presque toujours trouver un cas de nullité.

Ainsi, un vieux chroniqueur, dont je disais qu'il était le seul pique-assiette capable de prendre le même soir trois repas d'affilée dans trois maisons amies, fut-il débouté, non sans qu'au cours des trois audiences qui précédèrent la décision du tribunal les quelques lignes litigieuses fussent lues gravement par le président au milieu de l'hilarité générale, à l'indignation de l'intéressé et à ma confusion personnelle. Ce qui fait que lorsque les juges renvoyèrent mon infortuné accusateur en le priant d'acquitter les dépens, il était nettement plus diffamé qu'avant de déposer sa plainte.

Un nommé Voiturin, qui dirigea un moment le théâtre des Noctambules (aujourd'hui remplacé par un cinéma), ne m'avait pas pardonné un articulet sans indulgence que j'avais consacré à un de ses spectacles. Il m'attendit un soir devant un autre théâtre — celui de l'Œuvre — et, surgissant comme un diable de l'ombre, vers minuit, il me décocha un uppercut qui m'envoya au tapis pour le compte. Avec ce que j'obtins de dommages et intérêts, je pus à la fois payer mon dentiste et changer de voiture.

Une autre fois, j'avais écrit dans un bouquin qu'un individu qui s'affublait d'un titre de baron était « un personnage douteux ». Le tribunal n'admit pas cet euphémisme. Comme il n'y avait aucun doute sur l'honnêteté du personnage, il exigea que le mot litigieux fût retiré.

C'est peu lorsqu'on songe qu'en vingt ans j'ai pondu des dizaines de milliers de feuillets et bien souvent mêlé le vitriol à l'encre d'imprimerie.

XVIII

LA psychologie des foules est la science la moins exacte que je connaisse, et encore ne fais-je pas allusion à la façon de contenir une mer humaine plus ou moins déchaînée lors de certaines manifestations ou de parler au peuple lorsqu'on en brigue les suffrages. Je pense à un problème beaucoup plus précis et apparemment beaucoup plus simple qui se posa dans les années 1965 aux tenanciers des grands clubs de jeu londoniens.

Autorisés depuis quatre ans par un acte du Parlement, les jeux avaient rapidement pris dans la capitale britannique une extension qui laissait à penser que pour rattraper le temps perdu tous les martingaliers du Royaume-Uni mettaient les mises doubles. De nouveaux clubs officiels ou clandestins s'ouvraient chaque jour et le chiffre d'affaires des industries ludiques ne cessait de monter. Sans doute ces joueurs finirent-ils comme les autres — et mieux que les autres — par fréquenter des tapis verts au-dessus de leurs moyens, car le nombre de chèques sans provision (tolérés par la loi) et d' « ardoises » grimpait lui aussi vertigineusement.

Les grosses têtes de la banque à tout-va et du trente-et-quarante se réunirent alors, en compagnie de quelques experts choisis pour leurs connaissances en psychologie et en sociologie. Après de longues palabres, il fut décidé que, pour faire honte aux mauvais payeurs et réveiller le gentleman qui dort en tout sujet de Sa Très Gracieuse Majesté, on afficherait désormais à la porte des clubs le nom des mauvais payeurs.

Que croyez-vous qu'il se passa ? Tout à fait l'inverse de ce que l'on attendait. Le recours au système du pilori provoqua deux phénomènes que personne n'avait envisagés : d'abord, les mauvais payeurs ne se libérèrent pas plus qu'avant de leurs obligations ; enfin, les bons payeurs mis au courant des dettes des autres se dirent : « Pourquoi n'en ferions-nous pas autant ? » et personne ne cracha plus au bassinet. Les clubs acculés à la faillite fermèrent.

Moral, non ?

Toujours à Londres, toujours le jeu. A la suite de démarches occultes très longues, j'assiste à une séance d'autocritique des « Joueurs anonymes ». Calqué sur les associations antiéthyliques, cet organisme essaie de guérir de leur vice les malades du sabot ou les détraqués du poker. La thérapeutique est simple : dans un local attenant à une chapelle, le néophyte fait une confession devant ses pairs, c'est-à-dire une centaine de joueurs plus ou moins guéris. Avec une franchise très émouvante il raconte tout : la lente descente au fond du gouffre, la rupture avec la famille et les amis, la femme qui demande le divorce, les « emprunts » faits dans la caisse de l'employeur, le renvoi, le chômage, les enfants qui pleurent de faim. Mais l'humour britannique arrive quand même à se glisser dans ce cortège de désolations :

« Quand je suis ressorti du club au petit jour,

ayant absolument tout perdu, il ne me restait en poche qu'une petite pièce, une seule. Alors je l'ai jetée en l'air, après avoir décidé que si c'était pile je me noierais dans la Tamise et que si c'était face je viendrais vous voir !... »

Berlin est une ville étrange, angoissante, sur laquelle pèse lourdement, même lorsqu'on ne le voit pas, le fameux « mur de la honte ». Dans aucune autre ville du monde, l'amusement n'y est aussi frénétique, aussi insolite, aussi désespéré. C'est la capitale de l'Absurdité, une cité monstrueuse qui continue à vivre comme ces malades dont on maintient artificiellement les fonctions : en apparence les organes marchent, mais l'âme a disparu et l'esprit n'est plus là.

Dans des discothèques enfumées et bruyantes, on projette quatre films à la fois. Chaque espace de mur disponible recueille un lambeau d'image échappée d'une lanterne magique. La confusion des sons et des images finit par constituer une superproduction ahurissante. A l'étage au-dessous, on danse. Mais pas comme ailleurs. La piste centrale est remplacée par un énorme bassin dans lequel, après de cérémonieuses invites, les couples se plongent tout habillés. En vertu du principe d'Archimède, les tangos bénéficient d'une langueur extraordinaire, mais à la fin de la danse, les couples qui émergent et vont se rasseoir ont plutôt l'air piteux.

Je n'ai jamais rien compris à l'histoire Angelvin. Le principal intéressé non plus d'ailleurs. Pendant sept ans, l'ex-présentateur de la télévision française a connu outre-Atlantique la paille humide des cachots. Figure de rhétorique bien surannée, si l'on se reporte au petit livre qu'après sa détention il a écrit avec un humour que je ne lui soupçonnais pas et beaucoup d'habileté.

Il s'agit d'un guide des prisons de New York au fil duquel Angelvin a soigneusement répertorié les différents avantages offerts par six établissements spécialisés qui, le célèbre Sing Sing en tête, disposent parfois de commodités hôtelières à rendre jaloux bien des palaces honnêtes. Dans l'un, les petits déjeuners copieux et variés méritent trois étoiles. Dans l'autre, on peut manger à la carte, tandis que le service est assuré par un personnel en veste, toque et gants blancs. Ailleurs, des réchauds électriques et des bouteilles Thermos sont à la disposition des prisonniers amateurs de goûters. Là, on peut pêcher à la ligne. Ici, chaque cellule recèle tantôt le téléphone, tantôt la télévision, parfois les deux. Je passe sur les cinémas, les salles de lecture, la musique douce que diffusent les haut-parleurs dans les longs couloirs, les bibliothèques, les cours de patin à glace, de ski ou de bobsleigh pour en arriver au plus étonnant : à Dannemora, une secrétaire est gracieusement mise à la disposition de ceux que démange l'envie de dicter leurs souvenirs (la prison prend dix pour cent des droits d'auteur en cas d'édition) et une intervention de chirurgie esthétique est offerte aux prisonniers qui, avant de sortir, désirent se refaire un visage d'honnête homme.

Tout cela — et surtout dans un pays comme le nôtre où tout le monde ne possède pas ces différents avantages — laisse songeur et vaguement envieux. Jusqu'au moment où l'on s'avise que sans la liberté le confort n'est qu'une parodie.

Les honnêtes gens (ou les malhonnêtes qu'on n'a

pas encore arrêtés) qui vivent à New York ont droit à des services beaucoup plus inattendus. La presse publie régulièrement deux numéros de téléphone spéciaux qui, à l'abri de toute table d'écoute, permettent aux citoyens mécontents de dénoncer la concussion des policiers.

Dans une boîte à la mode à l'enseigne de *The Sanctuary,* une ancienne église repeinte en rose, située entre Broadway et la 8e Avenue, trois cents hommes dansent entre eux, méditent dans les stalles ou se désaltèrent sur les prie-Dieu, tandis qu'un éphèbe joue de l'orgue au balcon. Au *Bowery-Follies,* le show est constitué par un strip-tease de personnes âgées et des tableaux vivants grotesques joués par des couples d'inadaptés physiques.

Mais le plus grave n'est pas là. Il réside à mon sens dans ces associations de grands businessmen californiens qui ont acheté à bon compte dans les surplus militaires, des chars, des armes, des péniches de débarquement, des camions, des jeeps, des tanks et des uniformes afin de jouer à la petite guerre chaque semaine du vendredi au lundi matin. Deux camps s'affrontent, reconnaissables de loin, puisque le premier dispose d'un matériel peint en rose tandis que le second est voué au bleu.

Ces sportifs d'un nouveau genre, P.-D.G. de firmes importantes, entraînent dans leur jeu leurs adjoints, leurs cadres et leurs meilleurs employés. Pour plaire au patron, il n'est pas rare que des ingénieurs ou des chefs de bureau passent tout leur week-end à ramper dans les sables du désert de San Diego. La nostalgie du dernier conflit mondial est telle dans certains Etats qu'à Dallas quelques anciens de l'U.S. Air Force ont fait emplette de six forteresses volantes. Tous les dimanches matin à l'aube, ils décollent en formation serrée et vont bombarder

— à blanc pour l'instant — les objectifs désignés dans les landes incultes du Nevada.

C'est le genre d'histoires qu'il faut raconter aussi souvent que l'on peut. L'occasion est devenue si rare de nos jours de pouvoir se féliciter d'être français...

XIX

Quand je pense au mal que se donnent les directeurs des différentes radios pour singulariser et personnaliser leur station et lorsque je lis attentivement les suscriptions des enveloppes que le courrier m'apporte chaque matin, je suis saisi d'une douce hilarité : tantôt on m'écrit à Europe N° 1, tantôt on indique sous mon nom « Maison de l'O.R.T.L. ». J'en passe et des plus saugrenues.

Quand les auditeurs de Luxembourg ne sont pas contents d'une émission, ils reprochent aux dirigeants de la rue Bayard « de mal employer l'argent de leur taxe » sans s'aviser que la redevance tombe tout entière dans les caisses de l'O.R.T.F. et que les infortunés périphériques n'ont que cette publicité qu'ils trouvent si envahissante pour vivre.

Un dixième de mes correspondants me prénomment Félix. D'autres m'interrogent sur la « Case trésor » ou me demandent de passer des disques, alors que je n'ai jamais accueilli que des artistes en chair et en os.

Des téléspectateurs me relancent à R.T.L. Des auditeurs de R.T.L. m'écrivent quai Kennedy. Quand je leur ai répondu sur papier à en-tête du *Figaro*, et maintenant de *France-Soir* ils ne comprennent plus rien du tout.

J'aime bien la radio et jusqu'à présent elle me

l'a rendu. Je m'y sens comme un poisson dans l'eau. J'adore sa souplesse technique qui permet toutes les improvisations et toutes les audaces. J'apprécie son « instantanéité » : si on a une idée à quatre heures moins cinq, on peut la lancer sur les ondes à quatre heures et savoir à quatre heures cinq ce qu'elle vaut, grâce aux réactions téléphoniques des auditeurs.

C'est merveilleux, c'est grisant, c'est efficace. Déjà la presse quotidienne m'avait apportée ce genre de satisfaction. Au bout de vingt ans, je trouve encore miraculeux de découvrir fraîchement imprimé sur les morasses le résultat d'une enquête effectuée deux heures plus tôt. Je n'aime pas attendre. Je suis un fébrile et un impatient. La radio semble être faite pour transformer en qualités ces défauts-là.

Et puis, à la radio, j'oublie tout sauf ce que j'ai à dire. Je perds de vue — et les auditeurs du même coup — que je ne possède pas un physique de jeune premier et que ma coquetterie vestimentaire laisse parfois à désirer. Je suis une voix et rien qu'une voix. Une voix qui, trois heures par jour, depuis plus de cinq ans, avec une régularité qu'aucun autre moyen d'expression ne tolérerait, parle à chacun sans s'adresser jamais à tout le monde. Les dames qui m'écoutent (et qui par bonheur n'ont pas la télévision) peuvent m'imaginer tel qu'elles me souhaitent.

On admet davantage mes saillies, mes petites férocités parce qu'on ne voit pas plus que ma figure celle des gens souvent respectables et chenus que je retourne sur le gril. La télévision, elle, engendre une espèce de respect humain qui tue dans l'œuf l'impertinence.

Avec un vieillard, une femme, un militaire de haut grade, un ecclésiastique ou quelqu'un de très célèbre, l'image commandera la prudence si l'on ne veut pas recevoir le lendemain cinq mille lettres d'injures. Autant dire que l'on ne peut plus attaquer que les mineurs, les faibles et les inconnus. De la broutille.

J'ai fait mes premières armes à la radio voici bien longtemps et très modestement. En compagnie de grands aînés qui se nommaient Jean Oberlé, Georges Ravon, Max Favalelli, Jean Dutourd et Henri Magnan (trois d'entre eux ont disparu), je fus la jeune mouche du coche d'une émission à succès intitulée « A la petite semaine ». Chaque vendredi soir nous racontions avec une totale liberté d'esprit et d'expression ce que nous avions fait, vu et lu durant les sept jours précédents. Chacun y allait de sa critique, de son anecdote, de son histoire drôle. Placer un mot au milieu de ces redoutables interlocuteurs professionnels de la parole et de l'ironie nécessitait de bons réflexes. Ils m'avaient adopté gentiment, m'encourageant à les suivre (je ne pus jamais les rattraper) sur les routes de l'anticonformisme.

Je leur dois certainement une grosse part de mon indépendance intellectuelle. Je leur dois surtout de ne prendre rien ni personne au sérieux, moi le premier, et de réserver mes admirations aux savants obscurs, aux vétérinaires et aux curés de campagne.

Par la suite, lorsque « A la petite semaine » prit fin, je fis mes premières interviews dans une série d'émissions francophones que les chers auditeurs hexagonaux n'entendirent jamais, mais dont, paraît-il, les autochtones de Tahiti ou de la Martinique faisaient leurs choux gras.

Les cachets étaient des plus modestes, mais on pouvait enregistrer une demi-douzaine d'émissions à la fois. Rude école. J'y appris l'art de parler longtemps pour ne rien dire, l'indispensable hypocrisie grâce à laquelle on peut paraître s'intéresser à tous les sujets et ce procédé de la question saugrenue et rapide qui désarçonne n'importe quel interlocuteur. Pendant des mois je me fis ainsi les dents sur le menu fretin des petits chanteurs. Entre deux disques, je leur proposais de refaire le monde et, s'ils avaient la générosité ou l'imprudence de tomber dans le panneau, je me gaussais longuement d'eux.

Ce filon s'épuisa comme les autres et je restai assez longtemps radiophoniquement au chômage, me consolant de ne plus avoir de micro en dictant de plus en plus mes papiers pour la presse écrite.

Lorsque enfin se présenta l'occasion d'une petite intervention quotidienne à R.T.L., Jean Farran et Raymond Castans avaient imaginé de me demander une chroniquette parisienne de trois minutes et je l'écrivais avec soin du premier au dernier mot avant de l'ânonner à heure fixe. Cette intervention se situait au milieu d'une « tranche horaire » dont le responsable était à l'époque le sympathique Jean-Michel Desjeunes. Un jour, ce jeune espoir des ondes (il a depuis largement tenu ses promesses) demanda à la direction une très légère augmentation. On la lui refusa. Il partit. Durant les trente jours de son mois de préavis, on essaya chaque jour « en direct » un candidat animateur. Trente fois le verdict des augures de la cabine tomba net comme un couperet :

« Cela ne va pas ! »

La situation était dramatique, lorsque le plus obscur technicien lança comme une plaisanterie :

« Et si on prenait Bouvard ? »

J'étais le dernier. J'étais le seul. Je fus le bon. Non sans me récrier que ce n'était pas mon métier, que jamais je ne pourrais assurer quotidiennement trois heures d'antenne et qu'il ne s'agissait là que d'un remplacement temporaire. Le temporaire dure depuis cinq ans. L'assurance a remplacé l'inconscience. Certes, je ne me tiens pas pour un professionnel du micro, mais je crois être un dilettante aussi doué que les autres.

La radio m'a appris à maîtriser mes réflexes, à m'écouter parler au bon sens du mot, à clarifier mes idées puisque je suis là pour éclairer la lanterne des autres. Elle m'a enseigné aussi une certaine chaleur humaine parfois factice, souvent profonde, mais qu'on ne trouve que là, au milieu de garçons généreux et qui, dans une société de constipés intellectuels, sont les derniers à savoir s'extérioriser.

Le premier jour, je dus subir un véritable « baptême du feu ». J'avais à peine commencé mon émission qu'un camarade enflammait les papiers sur lesquels j'avais consigné précieusement les notes qui devaient me permettre de ne pas rester à court d'inspiration. Un autre, m'ayant déchaussé prestement, me plongeait les pieds dans une bassine d'eau glacée ; tandis qu'un troisième, qui me tournait le dos, faisait glisser jusqu'à terre son pantalon afin de me montrer ce qui allait plus tard être l'argument publicitaire numéro un de Michel Polnareff.

Il paraît que lorsqu'on garde à la fois son sérieux et l'antenne dans ces conditions-là on est paré pour presque tous les impondérables de l'avenir.

Tous les interviewés ne jouent pas le même jeu. En fonction de leur tempérament, de leurs possibilités d'élocution, de ce qu'ils ont à dire ou de ce qu'ils ont à cacher, ils se comportent avec plus ou moins de franchise.

Comme le *no comment* des Anglo-Saxons n'existe pas en Europe, ils usent parfois de moyens dilatoires. Le meilleur consiste à prendre et à garder ce que les joueurs d'échecs nomment « l'avantage du trait ». En d'autres termes, avant même que l'interviewer puisse entamer sa série de questions, l'interviewé passe à l'attaque et le premier est tellement occupé à se défendre qu'il n'a plus le loisir de mettre en difficulté le second.

Un autre procédé consiste à éclater d'un rire sonore à tout propos ou bien à user d'une pirouette plus ou moins humoristique. Mais la méthode la plus inattendue, et sans doute la plus efficace, est celle qu'ont employée avec moi Léo Ferré et Fernando Arrabal.

Alors que j'allais un jour à la radio coincer Ferré sur le pseudo-gauchisme des « chanteurs-engagés-qui-roulent-en-voiture-américaine », l'auteur de *Paris canaille* éclata en sanglots. Après quelques secondes de stupeur, je lui demandai la raison de ce chagrin soudain.

« Je pense, me dit-il, à un humble petit boulanger de la Lozère que je connais bien et qui fabrique le meilleur pain du monde. »

Ce n'était apparemment pas très triste. Cela n'avait aucun rapport avec le sujet traité mais je ne pus jamais reprendre le fil de mon discours et mes accusations.

Avec Arrabal, même son de cloche. J'avais démontré le comportement assez odieux et paranoïaque de son personnage et je m'apprêtais à porter l'estocade suprême lorsque ce fut le début des grandes eaux. Il sanglotait littéralement, se mouchant avec bruit dans une énorme pochette et trémoussait son petit corps sur le tabouret. Je m'enquis de savoir s'il n'avait pas perdu quelqu'un de cher dans la journée.

« Pas du tout, renifla-t-il, mais vous êtes trop méchant avec moi. »

Il se leva, fit un signe aux gens qui l'avaient accompagné et il sortit, l'œil complètement sec, me laissant assez désemparé, en tête-à-tête avec mon micro.

C'est en octobre 1968 que se situe l'émission de radio la plus courte de ma carrière. Désireux de plaire aux jeunes (*sic*), nous avions transporté un jour le « Non Stop » dans une classe du lycée Fénelon. Joe Dassin, chanteur à la popularité incontestée, était notre vedette. Nous n'avions pas compté avec le mois de mai qui se prolongeait indéfiniment dans le quartier. Nous fûmes pris à partie par un professeur gauchiste et quelques élèves excités pour qui la publicité, sur laquelle reposent la prospérité mais aussi l'indépendance des stations périphériques, représentait ce que la société de consommation avait de plus haïssable. Ni Joe Dassin ni moi ne pûmes faire entendre un seul mot. Au bout de vingt-trois minutes d'essais infructueux, nous abandonnâmes la place aux jeunes pétroleuses à la fois ravies de nous avoir coupé le sifflet et navrées de se priver du même coup des chansons qu'elles aimaient.

J'ai vu naître Mireille Mathieu. Façon de parler, car Johnny Stark n'étant arrivé que dix-sept ans après l'accoucheur, il a fallu mettre les bouchées doubles pour rattraper le temps perdu.

Charmante enfant, au demeurant, et pour laquelle j'éprouve une réelle affection. L'affection qu'on porte aux êtres faibles et désarmés. Avec elle, je n'ai jamais envie d'être méchant. Je me dis trop qu'à vaincre sans péril on triomphe sans gloire.

Alors, je l'aide de mon mieux. Je m'évertue à lui présenter des fleurets mouchetés et à ne lui décocher que des flèches enrobées de coton.

J'use là d'une image, car la réalité est plus précise. Pendant longtemps, j'ai — ce que je n'ai jamais fait pour qui que ce soit d'autre — communiqué le texte de mes questions huit jours à l'avance à la mignonne petite Avignonnaise. Je déteste ce procédé, car il offre le triple inconvénient de m'ôter le bénéfice de la surprise, de m'interdire toute improvisation et d'établir la préméditation dans une discipline mineure qui ne doit ses petites lettres de noblesse qu'à l'impondérable du direct et au risque de la conversation improvisée. Et puis, ce n'est pas tout à fait honnête vis-à-vis de l'auditeur ou du téléspectateur.

Toutefois, j'ai fini par me rendre compte qu'en matière de radio ou de télévision je faisais moins de l'information que du spectacle. Il m'appartient donc que ce spectacle soit bien réglé et que, là où le public attend un dialogue, je ne lui serve pas un monologue — le mien.

Pour une grande émission qui doit avoir lieu dans un théâtre de Londres, j'expédie donc par la poste toutes mes questions huit jours à l'avance. Johnny Stark, qui fait bien les choses, s'assure les services d'un dialoguiste professionnel qu'il fait venir de Paris et installe au Savoy dans une chambre contiguë à celle de Mireille. Pour chacune de mes questions, l'homme de l'art concocte une réponse spirituelle que la petite n'aura plus ensuite qu'à me décocher le jour venu avec toute la vivacité appropriée.

Et le jour vient. L'émission commence. Je lance à Mireille la question numéro un. Elle m'envoie la réponse numéro un. La salle croule de rire. Question numéro deux : réponse numéro deux. L'hilarité redouble. Ce qu'elle est devenue drôle cette petite ! Sacha Guitry lui-même ne m'aurait pas mieux rivé mon clou ! Question numéro trois : réponse numéro quatre... Le mécanisme si amoureusement réglé vient de se détraquer. Mireille a pris un tour d'avance. Rien ne marche plus. Ce sera dur à rattraper.

J'ai fait moi aussi bien des tournées en province, d'abord pour les besoins de conférences que j'ai données pendant des années à travers l'hexagone, ensuite pour décentraliser le « Non Stop ».

C'est une bonne et salutaire expérience que d'aller de temps à autre faire son métier en dehors de la capitale. On y teste son succès ou sa popularité, on y découvre les vrais sujets d'intérêt ou d'inquiétude de ses contemporains, on y connaît parfois un ennui qui a presque une épaisseur physique et qui vous permet en rentrant de vous dire qu'au milieu des embouteillages et de la pollution on n'est pas si malheureux que cela.

Certes, il faut toujours répondre aux mêmes questions (Comment sont les vedettes réellement ? Quelle est la mode à Paris ?...), mais on sent chez ces interlocuteurs provinciaux une solidité de jugement et des qualités humaines qui ne se trouvent pas dans la première boîte de nuit venue.

Et puis lorsque, comme votre serviteur, on sacrifie quasi simultanément aux trois grands modes d'expression journalistique, il est assez passionnant de déterminer lequel des trois — presse écrite, radio ou télévision — a le plus fort impact selon la région visitée. C'est aussi l'occasion, lorsqu'on fait des émissions publiques, de vivre avec les vedettes la vie de tournée au lieu de la leur faire raconter.

Une existence assez morne faite de longs travellings et de petites joies, où le confort d'un lit et l'onctuosité d'une omelette prennent une importance insoupçonnée.

En six années de radio, je ne suis arrivé qu'une seule fois en retard devant mon micro. Huit minutes après l'heure prévue pour ne vous rien cacher. J'avais, il est vrai, des circonstances atténuantes : l'émission avait lieu à Nancy et j'étais tombé en panne à cent kilomètres de Paris. Après quelques instants, ayant réalisé que je n'irais pas plus loin par mes propres moyens, je laissai la voiture sur le bord de la route et je terminai le parcours en auto-stop. Trois fois je changeai de véhicule, sans avoir eu à lever le bras plus de quelques minutes. Le dernier, je m'en souviendrai toujours, était une 2 CV pilotée par un brave retraité. Dire que sa conduite était prudente me paraît un piètre euphémisme. En fait, sa « troisième » devait être neuve car il ne la passait jamais. Il restait quarante kilomètres à couvrir et je n'avais plus que vingt minutes. Impossible de s'arrêter afin d'aller téléphoner : cela aurait encore ajouté à mon retard. Dans la banlieue de Nancy, nous nous trompâmes de route et c'est finalement à pied que j'achevai mon calvaire.

J'étais tellement hors d'haleine lorsque je me présentai dans la salle municipale où l'on avait installé nos micros que je dus encore attendre cinq minutes avant de prendre la parole. (J'ai découvert en cette occasion combien pouvait être douloureux le manque de souffle lorsqu'on est pressé de parler en public. C'est une des sensations les plus horribles que je connaisse.) Or, ce jour-là, à Nancy, j'avais composé mon programme avec Pierre Perret pour la partie chantée et Clément XV pour la partie parlée. Clément XV ? Ce nom réveille peut-être des souvenirs en vous. Il s'agissait d'un abbé excommunié installé dans une grande propriété baptisée *Le Petit Vatican* et qui allait se répandant en menaces et en calomnies contre « le pape de Rome l'usurpateur ». Des dons en provenance de tous les coins du monde assuraient la matérielle de l'antipape et de ses dignitaires.

Alors que Pierre Perret venait d'achevait *Les Baisers,* Clément XV débarqua d'une somptueuse Mercedes battant son pavillon personnel, suivi de cinq « cardinaux » écarlates, d'un porte-croix, et précédé de deux gardes prétoriens habillés comme des mousquetaires. Le « pontife », tout vêtu de blanc, fit une entrée solennelle dans la salle. Il commença par bénir les assistants, par bénir Perret qui n'en demandait pas tant et même par me bénir moi-même qui avait tout prévu sauf cela. En pendant près de deux heures j'entremêlai le répertoire rabelaisien de Perret et l'interview du curieux ecclésiastique qui me tendait (vainement) son anneau à baiser. Perret s'était vite mêlé à nos propos interpellant l'invité par ce vocatif familier :

« Dites-moi, mon Pape... »

Au fur et à mesure que l'hilarité gagnait le public et que j'accentuais la mise en boîte, un « cardinal » accompagnateur se faisait de plus en plus menaçant. C'était un grand diable de cinq pieds six pouces entortillé dans une soutane rouge sang dont les manches laissaient passer de véritables mains d'étrangleur. Chaque fois que je m'adressais à son pape, il se frottait les phalanges en me regardant d'un air significatif. J'abrégeai l'entretien. Le pape se leva, me remercia vivement de mon hospitalité (il n'y avait vraiment pas de quoi !) et repartit majestueusement comme il était venu, tandis que sur son passage de braves gens, qui ne savaient plus si c'était du lard ou du cochon, ôtaient leurs casquettes. Je vis même une femme tomber à genoux. Mais peut-être appartenait-elle à la troupe papale...

Le charme du « direct » est en même temps son principal danger. Je veux dire l'imprévu. Rien ne se passe jamais comme on le souhaitait. Témoin cette interview de maître Raoul Ours, grand amateur d'oiseaux parleurs et qui avait débarqué un jour dans mon studio avec une vingtaine de perroquets choisis parmi ses pensionnaires les plus doués. Il me les avait présentés avant l'émission en me détaillant longuement leurs possibilités. L'un parlait anglais, l'autre entonnait des chansons de salle de garde, le troisième émettait à s'y méprendre le bruit du ventilateur dans une atmosphère moite. Le rouge s'alluma. Je commençai à deviser avec l'avocat, brodant sur l'étrange destin de cet homme qui, vivant de la parole lui-même, s'était pris d'amitié pour les seuls animaux susceptibles de lui faire concurrence. Après quoi il fallut mettre les volatiles au pied du mur, c'est-à-dire devant le micro. Ce fut effroyable. Pendant un quart d'heure, maître Ours relança vainement ses bestioles :

« Coco, fais le ventilateur avec papa... »

Coco secouait la tête négativement. Le public se tordait de rire. De plus en plus congestionné, maître Ours se plaignait de la chaleur ambiante, des bruits de rires et même de mon attitude peu amicale qui avait, assurait-il, braqué ses mainates. Il fallut abandonner sans avoir pu transmettre un seul son du concert annoncé.

Le lendemain, mon invitée était Pauline Carton. Elle fut beaucoup plus diserte. Trop même. Alors que je lui posais je ne sais plus quelle question assez anodine, elle répondit tout à trac :

« Est-ce que vous voudriez aussi que je vous dise de quelle couleur sont mes poils de c... ? »

J'étais rouge de confusion, pensant aux milliers de lettres réprobatrices que j'allais recevoir et au congé que ne manquerait pas de me signifier le directeur de la station.

Eh bien, il ne se passa rien du tout. L'expérience m'a depuis appris qu'à notre époque on ne se choquait plus de grand-chose et qu'en tout cas on songeait moins à vous reprocher les mots que les idées.

Bien sûr, je profite de cette liberté. J'en use et j'en abuse avec une certaine volupté. Mais je ressens aussi l'absence de garde-fou. J'ai peur qu'un jour à force d'avoir été trop loin, on ne puisse plus revenir...

Les gens ne se font pas toujours de la radio une idée très exacte. J'ai vu un jour débarquer dans notre studio, à Deauville, une petite jeune fille soi-disant recommandée par un vieux sénateur dont elle était l'amie. La chose nous parut d'autant moins invraisemblable que la mignonne voulait faire une carrière de ballerine. Feignant de nous intéresser à son cas, nous lui demandâmes d'aller chercher son tutu et de nous danser *La Mort du cygne* devant le micro qui était censé l'enregistrer. Pas une fois elle ne se plaignit de notre manque de caméras. Elle doit être aujourd'hui bouchère quelque part en Basse-Normandie...

Pour le fisc je suis mi-journaliste, mi-homme de lettres. Sans doute mon contrôleur connaît-il le nombre de missives que je reçois chaque matin depuis des années. Je les garde toutes ou à peu près. J'y réponds chaque fois qu'un correspondant m'indique son adresse. Je dispose là d'un sondage permanent, inappréciable, dont il convient pourtant de ne pas s'exagérer la portée pour plusieurs raisons : d'abord, parce que les psychiatres tiennent pour un des principaux critères d'aliénation le fait d'écrire (régulièrement) aux journaux et aux journalistes ; ensuite, parce que les gens qui font des compliments ou des remarques désobligeantes sont généralement en proie à des idées fixes (passion pour une vedette, sensibilisation à une discipline, etc.) ; enfin, parce que le jour où l'on reçoit cent lettres d'un coup sur le même sujet, le pourcentage d'avis exprimés reste faible si l'on se réfère à la clientèle totale.

Les lettres les plus touchantes sont celles des isolés, des vieillards, des malades, des infirmes pour lesquels la radio constitue le dernier lien avec le monde. Mais il y a aussi d'autres réactions plus surprenantes nées de l'intimité qu'une voix entendue trois heures par jour peut faire naître à l'insu de l'un des intéressés. Le plus bel échantillon semble résider dans ce raccourci que je vous livre sans fausse pudeur (mais sans fierté aussi) : « Votre voix m'excite. Je mets mon transistor sous les draps quand vous parlez. »

Certaines auditrices plus imprudentes que les autres sont démangées par l'envie de mettre un visage sur la voix qu'elles écoutent quotidiennement. Lorsque la télévision ne les a pas renseignées, elles m'écrivent pour me demander des photos. Quelques-unes — heureusement très rares — n'hésitaient pas à faire un déplacement et à tenter l'escalade du *Figaro* pour venir me regarder sous le nez. J'ai eu ainsi en pleine nuit, voici trois ans, la visite d'une brave femme de Saint-Dizier. Mère de famille impécunieuse, elle avait fait en auto-stop le trajet afin de voir quelle tête j'avais. L'examen ne dut pas être convaincant car elle repartit deux minutes plus tard comme elle était venue.

Il faut compter également avec les tapeurs. Je note au passage les progrès effectués par l'industrie de la mendicité. Pendant des siècles, ceux qui demandaient la charité se sont abrités derrière cette formule vague — « A votre bon cœur ! » — qui laissait aux sollicités le soin de chiffrer leurs largesses. Aujourd'hui, qu'il s'agisse de demandes faites dans la rue ou par écrit, le solliciteur fixe toujours lui-même avec précision le montant de la charité souhaité. Tantôt c'est un franc (pour prendre le métro), tantôt c'est deux mille francs (pour acheter une machine à laver). Le plus souvent, d'ailleurs, ces tapeurs ne me considèrent que comme un intermédiaire. Pas question de vouloir vider ma propre cassette. Ils ne me demandent que d'intervenir en leur faveur auprès des vedettes que j'accueille et dont ils ne doutent point qu'elles dirigent chacune un bureau de bienfaisance.

Et puis, il y a le courrier des remontrances et des suggestions. Suggestions lorsqu'il s'agit de me convaincre de faire venir ou revenir telle chanteuse (on m'expédie alors cent ou cent cinquante lettres libellées de la même écriture et expédiées du même bureau de poste, afin de me faire croire à un « vaste mouvement d'opinion »). Remontrances lorsque j'ai procédé à la mise en boîte de la vedette favorite. J'ai battu tous mes records dans ce dernier domaine durant les jours qui ont suivi cette émission pourtant peu remarquable mais au début de laquelle j'avais cru plaisant de demander à Georgette Lemaire si dans son appartement elle mélangerait éventuellement des meubles Louis XV avec une table de logarithmes.

J'ai dans mon bureau une collection assez impressionnante d'autographes : lettres innombrables de personnalités contemporaines me remerciant d'une interview, me confiant leurs états d'âme ou même m'écrivant sans arrière-pensée professionnelle.

Ma pièce la plus ancienne se présente sous la forme d'un billet d'une dizaine de lignes d'André Gide. J'avais à l'époque seize ans. On allait jouer — salle d'Iéna — une pièce historique en cinq actes que j'avais commise entre un cours d'allemand que je séchais et un cours de math auquel je ne comprenais rien.

En tête de la distribution, venait Jacques Kam (aujourd'hui brillant avocat) et une ribambelle de jeunes comédiens amateurs qui sont devenus par la suite médecins, ingénieurs ou commerçants.

La veille de la première représentation, je pris ma plus belle plume et j'invitai l'auteur des *Caves du Vatican* en lui disant toute l'admiration que je lui portais et l'influence que ses œuvres avaient eue sur ma jeune imagination. Je joignis astucieusement ma photo. J'étais blond et bouclé. La réponse fut négative (le maître était couché, malade), mais très aimable.

Depuis cette date, je n'ai cessé de conserver précieusement tous les manuscrits provenant de personnages connus (ou susceptibles de l'être un jour). Ma collection remplit plusieurs dossiers intitulés selon le cas : « Lettres exceptionnelles », « Lettres méchantes », « Lettres aimables » et « Lettres ridiculement aimables ». C'est le dernier dossier qui est de loin le plus épais.

XX

A LA télévision, j'ai toujours eu un faible pour le happening. Il y a un démiurge qui sommeille en tout présentateur et l'on perd toute prudence le jour où l'on s'avise que de faire raconter un incident à l'usage des téléspectateurs c'est bien, mais que d'en faire naître un spontanément devant les caméras c'est encore mieux.

J'ai ainsi tenté un nombre assez considérable de « provocations » plus ou moins innocentes. J'ai réuni main dans la main Manouche et Roger Peyrefitte. Comme durant toute l'interview ils n'avaient cessé de se témoigner les marques de la plus profonde affection, je reçus le lendemain des lettres de braves gens qui s'étonnaient « qu'un monsieur aussi distingué puisse montrer en public sa pauvre femme malade. »

Une autre fois, je mis face à face Lorjou, peintre traditionnel, et Michel Journiac, plaisantin fort sérieux de l'avant-garde. Lorjou m'avait promis que pour confondre son adversaire, très porté sur les natures mortes exécutées avec des reliefs de repas, il lui aplatirait un camembert fait à point sur la figure. J'étais ravi. J'avais moi-même été choisir, amoureusement, le fromage dont nous avions besoin. Vint le moment de l'émission. Journiac se montra agressif et résolu. Il était jeune et vigoureux. Lorjou eut peur. Le camembert ne servit pas.

Mais le moment le plus saugrenu fut atteint lors de la visite du prince Comnène. Il se prétendait l'héritier du trône de France et de la couronne d'Espagne. Il débarqua dans le studio accompagné par un travesti sosie de Marilyn Monroe qu'il nous présenta comme sa secrétaire. Ayant remarqué que le prince était myope, j'avais demandé à un de mes autres invités du jour, le fantaisiste Sim, de s'habiller en femme du monde, avec chapeau à fleurs, violette et gants noirs. Très sérieusement, alors que l'émission commençait, je fis les présentations. Le baisemain du prince à Sim devant les caméras reste un de mes bons souvenirs.

Ce n'est pas un des moindres charmes de la spécialité que de ne jamais savoir ce qui va se passer. Aucune préparation ne vous met à l'abri des surprises, puisque cinquante pour cent des sujets interviewés ne se souviennent plus ou ne veulent plus se souvenir de ce qu'ils devaient dire. Et puis, dans une émission un peu mondaine comme « Samedi Soir », il faut compter avec les poivrots. Non seulement les gens sont inquiets, mais encore il fait très chaud dans le studio et deux maîtres d'hôtel engagés par l'O.R.T.F. passent parmi les invités en proposant des alcools variés. Pour peu que l'on commence avec quelque retard, certains invités n'ont plus leur tête à eux lorsque vient leur tour.

Le cher Roger Hanin, par exemple, devait me raconter toute une série d'histoires que nous avions minutieusement mises au point. Il en était déjà au cinquième whisky lorsque je posai ma première question. Son regard s'embua de larmes et il répondit complètement à côté :

« Mon pauvre Philippe, pourquoi fais-tu ce métier-là ? »

Qu'est-ce que vous voulez répondre en direct devant dix millions de personnes ?...

Deux fois pour des raisons d'éthylisme, et heureusement dans des émissions « différées », il fallut couper presque complètement une séquence.

Le premier incident eut pour protagoniste l'écrivain Bernard Frank, un écrivain qui lève d'autant plus volontiers le coude qu'il n'a pas dessous une œuvre considérable. Il était rouge brique lorsque je commençai à l'interviewer. La sueur coulait sur son front. Un peu de bave suintait à la commissure des lèvres et il bredouillait des propos inaudibles, tandis que nerveusement sa main droite fourrageait sous la mini-jupe d'une figurante qu'on avait assise imprudemment à côté de lui.

Le second fut le sympathique cascadeur Roland Toutain. On s'était pourtant arrangé pour ne pas lui offrir à boire, mais il réussit à subtiliser une bouteille de whisky qu'il alla écluser en suisse quelque part dans les coulisses. Le résultat fut atterrant : jamais autant de mots orduriers n'avaient été réunis en si peu de phrases.

D'une voix éraillée par l'alcool, le vieil acrobate se lança même dans une chanson de corps de garde.

Il y eut aussi « la guerre des Miss », mais là je savais à peu près où j'allais. Je connaissais l'ancienne rivalité existant entre ceux qui faisaient élire une Miss France à Paris et leurs concurrents qui, en province, deux jours plus tard, se livraient à la même opération. J'invitai les seconds sans prévenir les premiers. Mieux encore : je les dissimulai jusqu'au dernier moment, ne les faisant entrer dans le studio qu'au milieu de l'émission. Le résultat passa mes espérances : les organisateurs ennemis entrèrent dans le champ des caméras, se menacèrent du poing, se traitèrent de vendus et de gestapistes, tandis que leurs pin-up affolées s'égaillaient dans la nature. Une intervention auprès du président de l'O.R.T.F. priva, hélas ! les téléspectateurs de l'empoignade, ne leur laissant que la vue des Miss.

Je conserve, vous le savez, un goût prononcé pour le canular et les plaisanteries de plus ou moins bon goût. L'âge venant n'empêche pas le vieux démon de se réveiller parfois. Cela se traduit à la télévision par la présentation d'un obscur chômeur de la rue de Lourmel — un garçon que Jacques Martin a baptisé Vadim Montenegro — comme vedette internationale. Le public s'étonne de ne jamais retrouver ce garçon que dans mes émissions et de l'entendre toujours chanter les mêmes douze notes. Je ne veux pas en abuser, mais je crois que si j'invitais plus régulièrement Montenegro il finirait par devenir un jour une vraie vedette.

Dans le même désir de passer du premier au second degré, j'ai organisé à travers toute la France un concours de sosies de gens célèbres. Il faut dire que je suis depuis mon plus jeune âge hanté par les ressemblances et que je ne vois jamais un visage sans l'apparenter à d'autres généralement plus connus.

Je reçus des milliers de candidatures accompagnées de photographies. Certains de mes correspondants ne ressemblaient qu'à eux-mêmes, d'autres avaient présenté vingt ans plus tôt une vague analogie avec une actrice ou un comédien et ne cessaient de s'en gargariser. D'autres enfin étaient des sosies extraordinaires. Je plongeai là pendant quelques semaines — le concours fut interrompu prématurément parce que la presse spécialisée ne semblait pas l'apprécier — dans un monde extrêmement trouble, presque malsain.

J'avais assorti ma présentation d'un postulat idiot : pourquoi avec un physique identique, certaines personnes acquièrent-elles la célébrité et d'autres restent-elles anonymes ? Sans le savoir, j'apportai une eau dangereuse au moulin de mes sosies et j'aggravai encore leur traumatisme. Tous étaient profondément marqués, voire aigris, par leur ressemblance. Ils en étaient arrivés à haïr le chanteur ou l'homme politique dont ils étaient le « double », à s'identifier parfois à lui, à prendre ses tics de langage, ses manies vestimentaires, à vouloir l'imiter davantage encore.

Les faux Aznavour ne rêvaient que de faire carrière au music-hall. La reine d'Angleterre — femme d'un chirurgien de Limoges — promena sur les machinistes un regard hautain et me tendit sa main à baiser.

Mais la palme revient à un brave tailleur auvergnat en retraite du nom de Camille Treille, sosie hallucinant du président Pompidou. Il vint un jour de la région de Cajarc, où il s'était retiré sans doute pour ajouter encore à la ressemblance. Je l'avais assis à un bureau devant une bibliothèque afin de faire plus officiel. L'effet fut surprenant : mêmes sourcils fournis, même façon de tenir la cigarette au coin de la bouche, même trois quarts, même profil.

Le brave M. Treille s'était fait un peu tirer l'oreille. Il ne souhaitait pas de publicité intempestive et s'affolait un peu de la promiscuité que j'allais lui imposer pendant quelques heures à côté de chanteurs et de comédiens.

Ah ! ouiche !... Le lendemain, toute la France parlait de Camille Treille. On l'abordait dans la rue. Les imprésarios se procurèrent son adresse et lui téléphonèrent. Trois jours plus tard, Michel Polnareff, qui donnait la première de son spectacle sur la scène de l'Olympia, eut l'idée de recruter le faux président, de l'habiller d'un frac, de le ceindre d'un grand cordon rouge et de lui demander de venir lui donner l'accolade à la dernière chanson devant un public en délire.

J'ai revu Camille Treille dix mois plus tard. Il présentait toujours la même ressemblance, mais il était devenu moralement méconnaissable. Je ne suis guère fier de cette transformation. Il m'aborda en me disant qu'il avait désormais un manager et un attaché de presse, qu'on lui proposait deux films, un spot publicitaire et un disque chez Barclay. Si je connaissais d'autres « affaires », je n'avais qu'à les lui signaler.

Comme je regrettais notre première entrevue — télévisée — au cours de laquelle il m'avait déclaré que, si le chef de l'Etat avait besoin d'une doublure pour des sorties dangereuses ou des inaugurations sans importance, il ferait don de sa ressemblance au pays !...

Infortunés sosies qui en arrivent à ne plus être eux-mêmes sans parvenir pour autant à se glisser dans la peau de l'autre...

Il y a deux espèces d'interviewers : ceux qui mettent leurs « clients » à l'aise et les autres. J'appartiens, m'assure-t-on, à la seconde catégorie. Quoi que je fasse, je suis précédé d'une telle réputation de méchanceté que mes interlocuteurs tremblent. Cette réputation m'apparaît assez injustifiée, mais j'en profite puisqu'elle a pour effet de me singulariser et de me mettre pour un instant en état de supériorité devant des gens dont je suis le reste du temps très nettement l'inférieur.

Ma façon de travailler est très personnelle. Ne voyant jamais mes victimes avant (ni après, bien sûr), je recours aux bons offices d'une équipe de documentalistes et d'enquêteurs très dévoués et très compétents. Même si je n'ai que deux minutes d'entretien avec un écrivain ou un acteur, j'aime tout connaître de lui. Autre particularité : je pose toujours des questions dont je connais les réponses et ce sont ces réponses-là que je veux obtenir. Enfin, je n'hésite pas, pensant que la politesse et l'efficacité ne font pas toujours bon ménage, à couper la parole à mes invités lorsqu'ils s'écartent du chemin que j'ai moi-même tracé. Tout cela est, je le confesse, assez arbitraire et un peu déloyal. J'ai le choix du terrain et des armes. Certes, ils connaissent le sujet mieux que moi, mais ils ne savent pas par quel défaut de la cuirasse je vais essayer de les attaquer. La présence des caméras électroniques, de l'équipe technique et des autres invités, la sensation confuse d'être livrés pieds et poings liés à plusieurs millions de paires d'yeux ajoutent au trouble et perturbent les plus audacieux.

Les comédiens eux-mêmes n'y échappent pas. Georges Folgoas avait demandé au gentil Henri Labussière de venir faire un sketch. A la répétition, il nous donna le choix entre plusieurs textes et d'un commun accord nous choisîmes un monologue très drôle d'un vieil acteur en proie au trou de mémoire. Le soir de l'enregistrement, Labussière commença son numéro au milieu de l'hilarité générale. Il accumulait les « euh », les bredouillis et les silences. Très vite il me sembla qu'il y en avait beaucoup plus que la veille. Il s'arrêta au bout d'un moment, et devant les spectateurs tordus de rire car ils pensaient qu'il s'agissait toujours du sketch, il déclara que la mémoire lui manquait. Six fois nous reprîmes. Six fois il ne put aller plus loin que la première phrase. Lorsqu'il nous quitta au bord des larmes, le public lui fit un triomphe, persuadé d'avoir assisté à un très grand numéro.

Parmi les autres « mises en scène », je garde le souvenir de la leçon de baisemain donnée par le duc de Brissac à l'usage de mes autres invités et avec la collaboration involontaire (et assez réticente) de Georgette Lemaire.

Mais j'ai une tendresse toute particulière pour le petit intermède que je conçus une fois à l'usage de Pierre Cardin. J'avais appris que le couturier touche-à-tout du faubourg Saint-Honoré venait de décrocher un contrat de vedette dans un film qui allait se tourner au Brésil. Je le fis venir avant son départ et je demandai à deux metteurs en scène — l'un de cinéma, Gérard Oury, et l'autre de théâtre, Michel Roux — de lui enseigner (sans le prévenir et devant les téléspectateurs) les rudiments de l'art dramatique. Le scénario que nous avions arrêté était simple : on remettait une lettre à Cardin dans laquelle il apprenait qu'il allait être père et il devait feindre successivement la surprise, la joie et l'inquiétude. Ce fut irrésistible. Et pour des raisons diverses, tout le monde fut ravi : Cardin lui-même (il y a des grâces d'état), le public présent dans le studio, les téléspectateurs, les critiques, les techniciens, Oury, Roux et votre serviteur, bien entendu.

J'ai fait mes comptes. En vingt ans de presse écrite, parlée et télévisée, j'ai dû doubler le cap des vingt mille interviews. Autant dire que je devrais en connaître aujourd'hui presque autant qu'un enquêteur de la police judiciaire sur la façon de faire parler mes contemporains. Dans les studios que je hante professionnellement, l'expression « se mettre à table » doit être prise dans ses différentes acceptions. Mes méthodes sont cependant assez différentes de celles qu'on emploie Quai des Orfèvres, bien que, comme les policiers, je m'intéresse surtout à ce que les gens ne veulent pas dire et qu'il m'arrive — mais uniquement durant les émissions publiques — de faire éclairer assez violemment le visage de mes interlocuteurs. Pour ajouter à la ressemblance, un garçon amène de temps à autre du café voisin des sandwiches et des bouteilles de bière. Là s'arrête, Dieu merci, le parallèle. Je ne suis pas un justicier. Je ne veux pas l'être. Je n'ai aucun droit spécial sur mes contemporains. Je ne prétends pas refaire le monde ni régenter les hommes. Je me suis donc forgé petit à petit une règle qui consiste à égratigner mes « clients » d'une façon assez innocente. Je connais souvent sur eux des histoires graves ou désagréables qui me permettraient de poser des questions assez redoutables. Je m'en abstiens, laissant à d'autres catégories professionnelles beaucoup plus autorisées le soin de se livrer à ce petit jeu. Et pourtant, j'ai une réputation de méchanceté solidement établie. Elle n'est née, je suppose, que grâce au repoussoir fourni par la plupart de mes autres confrères qui ont fait de la gentillesse une forme de rhétorique et qui ne cessent de renvoyer l'ascenseur et d'échanger le séné contre la rhubarbe.

Certains artistes ou certains écrivains refusent de jouer les taureaux dans cette corrida pourtant sans mise à mort. D'autres sont presque malades avant que je lance ma première attaque. Il faut les réconforter avec de bonnes paroles et des liqueurs variées. Pourquoi ? Franchement je ne le sais pas. Ai-je déjà reproché à quelqu'un — et cela pourrait être souvent le cas — son égoïsme, sa bêtise, sa malhonnêteté, son érotisme, son homosexualité, sa versatilité politique ? Jamais. Pas une fois. Alors ? La seule explication que j'entrevois est celle-ci : mes interlocuteurs doivent plus ou moins confusément sentir que je ne respecte rien ni personne, que je ne prends vraiment aucun homme ni aucune institution au sérieux, que je suis demeuré contre vents et marées un impulsif ; bref, qu'on ne sait jamais ce qui va se passer avec moi puisque, au demeurant, je ne le sais pas moi-même. Il y a bien là de quoi effrayer des gens qui, par définition, ont tous quelque chose à cacher et qui, francs-maçons du show business ou *mafiosi* de l'intelligentsia, n'admettent pas qu'un trouble-fête enfreigne la loi de l'*omerta*.

Une interview se conduit comme une course. Un interviewé se dirige comme un cheval. Il faut user de l'étrier, laisser la bride sur le cou, caresser les naseaux et même savoir offrir un sucre au moment opportun. Souvent, l'épreuve tourne au rodéo tant il est vrai — et là j'inverse la métaphore — qu'un journaliste légèrement caractériel et un cheval sauvage ne cherchent qu'à désarçonner.

Je suis aussi à l'image des théâtres subventionnés : je pratique l'alternance. En moins d'une heure, je dois être gentil, incisif, doucereux, agressif, flatteur, aimable, dubitatif, ironique. Dieu merci, l' « entretien de politesse » commence à tomber en désuétude. Le public le moins averti admet une certaine impertinence de ton dans la mesure où l'on ne s'adresse ni à une femme, ni à un vieillard, ni à un enfant, ni à un ecclésiastique, ni à un héros, ni à un sportif, ni à quelqu'un pour lequel il nourrit une certaine admiration. Si l'on ne veut pas que le dialogue se termine en monologue, il faut se préoccuper des réactions de celui qu'on a placé sur la sellette. Certes, on doit lui arracher la fameuse « minute de vérité » que chaque être humain porte en lui, mais en s'évertuant à ce qu'une fois les aveux passés il ne s'en aille pas avant l'heure prévue. Un départ prématuré et tapageur, suivi d'un tête-à-tête du présentateur avec son micro, produit toujours le plus déplorable effet. Heureusement, la plupart des personnalités ne se vexent que lorsqu'elles comprennent, d'où un décalage plus ou moins important, mais qui permet dans presque tous les cas de terminer l'émission sans inquiétude.

J'ai d'ailleurs remarqué qu'il fallait aider les gens à se vexer. Ce sont les amis qui interviennent le soir ou le lendemain pour expliquer à l'interviewé qu'on l'a ridiculisé, alors qu'il pensait naïvement — et parfois avec raison — s'en être tiré à son avantage. Lorsque les gens sont habitués à écouter entre les mots comme ils lisent entre les lignes, à extrapoler à partir d'un ton, de quelques borborygmes ou même d'un silence, on ne peut plus rien proférer d'anodin. Si la vacherie est comprise au premier degré, le compliment, lui, peut être interprété de travers par des amateurs d'antiphrases.

L'expérience m'a appris à distinguer plusieurs catégories de patients : en dehors de ceux que manifestement le ciel n'a pas doués de la parole, on trouve essentiellement les hypocrites et les mal élevés. Les hypocrites refusent l'obstacle, s'en tirent avec des pirouettes, vous engluent dans des compliments sirupeux et au lieu de la « descente en flamme » qu'ils vous avaient annoncée à l'égard d'un homme en place ou d'une corporation en vue, se cantonnent dans la guimauve des lieux communs, quitte à dire de nouveau le mal qu'ils pensent de tout le monde une fois que le micro sera refermé. On demeure perpétuellement en porte-à-faux avec eux puisqu'ils ne saisissent jamais la perche qu'on leur tend. Le seul recours consiste à les attaquer un peu violemment sur un plan personnel, en essayant de les faire sortir de leurs gonds. Si l'on y parvient, ils tombent alors dans la seconde catégorie dite des mal élevés. Ceux-là disent n'importe quoi avec une violence qui vous fait appréhender (mais à tort généralement) les réactions brutales du directeur qui vous emploie, l'excommunication de l'Eglise, des plaintes en diffamation. Et c'est bien dans ce cas que la mauvaise foi endémique de l'interviewer apparaît, puisqu'au lieu de bousculer son client comme d'habitude il s'évertue au contraire à le calmer.

Si l'auditeur éprouve souvent des surprises, j'en ai parfois plus que lui. N'ayant pas de contact direct avant l'interview avec l'interviewé, je ne dispose que d'une documentation établie par enquêteur interposé et j'ignore parfaitement les intentions profondes et les réactions de la personne que pendant deux heures et demie je vais avoir en face de moi. Je ne connais que le point de départ, toujours le même : je suis le clown blanc. Je sers la soupe. Mon client devra l'ingurgiter jusqu'à la dernière cuillerée, sans que de mon côté j'en avale la moindre goutte.

Les surprises ne sont pas toujours bonnes. Les comédiens, par exemple, qui manifestent un énorme talent au cinéma ou au théâtre, en manquent singulièrement à la ville. Des académiciens célèbres sont pris d'un trac communicatif. Des chanteurs plus astucieux que les autres vous attaquent avant qu'on ait eu le temps de leur porter la première estocade, appliquant ainsi un vieux principe de l'escrime et des échecs.

Il convient, en tout cas, de connaître sur le bout des doigts son « dossier », soit pour vérifier les confidences, soit pour les provoquer, soit pour les accélérer lorsque les impératifs de l'horaire et le rythme de l'émission l'exigent.

Il existe à cet égard une redoutable catégorie d'interlocuteurs qu'on appelle les spécialistes. Ce sont des gens toujours compétents, parfois diserts, mais en proie à de véritables monomanies et qui oublient régulièrement qu'ils s'adressent à des profanes. Rien de plus facile que de les mettre dans sa poche. Il suffit de leur poser sur un ton très calme des questions très simples. Leur panique fait alors plaisir à voir.

Certains dangers mineurs guettent l'interviewer au détour des phrases les plus anodines. On n'est jamais trop méfiant avec les affamés de publicité gratuite et les m'as-tu-vu qui font leurs politesses au micro. Les premiers fuient les idées générales, mais n'oublient pas de préciser toutes les trois minutes le prix de leur bouquin, le nom et l'adresse de l'éditeur, le jour de relâche du théâtre où ils jouent, l'adresse à laquelle on peut leur envoyer des mandats. Les motivations des seconds sont à peine plus nobles : mêlés de près ou de loin à un travail collectif, ils tiennent à remercier (à vos frais) ceux qui leur ont permis de mener à bien leur grand-œuvre. Lorsqu'il s'agit de comédiens, toute la distribution y passe, jusqu'au dernier petit rôle. En matière de cinéma, c'est pis encore. Le générique défile *in extenso,* chef opérateur, machiniste, les quatorze coscénaristes qui se sont succédé pour dénaturer le script et même la chère Mme Berthe qui a si bien balayé le studio pendant deux mois. Toutes précisions parfaitement oiseuses et susceptibles de modifier fondamentalement la conception qu'on peut avoir (sans micro) du savoir-vivre.

Je ne crains pas, en effet, de le réaffirmer : si l'on veut aujourd'hui être poli à la radio avec le seul interlocuteur vraiment important (je veux dire avec l'auditeur), il faut savoir couper presque tout le temps la parole aux gens.

Viennent ensuite les petits trublions de l'antenne. Tout le menu fretin intellectuel ou caractériel qu'il ne faut pas perdre de l'oreille une seconde. Certains sont d'ailleurs de fort bonne compagnie, mais posent des problèmes techniques difficilement solubles : les Chinois (qui ne parlent que leur langue), les sourds (ou ceux qui font semblant de l'être), les distraits (qui vous font répéter trois fois la plus anodine question avant de répondre à côté), ceux qui pianotent fébrilement sur la table, causant des perturbations sonores dans la régie, les obsédés sexuels et politiques, les amateurs de contrepèteries et de calembours, les fumeux qui enfourchent quatre lièvres à la fois, les fumeurs qui vous refoulent dans le nez pendant que vous parlez l'odieuse vapeur d'un cigare à bon marché, les entêtés qui ne veulent parler que d'André Gide alors que vous les avez invités à un débat sur la myxomatose, les rigolards qui vous tutoient (créant ainsi une désagréable sensation de « copinage »), les décontractés qui, pour ne pas aborder le vif du sujet, évoquent le verre qu'on vient de leur servir, le sourire de l'hôtesse qui les accueille ou vous complimentent sur votre complet veston. Ah ! ce n'est pas un métier de tout repos !...

Sans oublier les plus redoutables, je veux dire les

amis, c'est-à-dire les gens qu'on connaît trop pour les découvrir, à qui l'on n'ose plus poser certaines questions ou dont on réalise brusquement — mais un peu tard — qu'ils sont beaucoup plus drôles et plus passionnants dans le privé.

C'est peut-être une erreur que de fréquenter les gens célèbres extra-professionnellement. Ils ne peuvent appartenir qu'à ces deux grandes catégories : ou bien ils font perpétuellement « leur numéro » et c'est prodigieusement énervant, ou bien ils refusent avec obstination de le faire et c'est très décevant.

A propos de la première catégorie, il faut remarquer combien les gens les plus doués se contentent dans ces cas-là de répéter exactement les mêmes choses. Pour un Cocteau ou pour un Guitry qui mettaient un point d'honneur à varier sans cesse le texte, quelque interlocuteur qu'ils eussent devant eux, combien de petits fonctionnaires de l'humour, combien de soi-disant beaux esprits qui, ayant la goutte à l'imaginative, traversent un siècle et vingt pays avec une douzaine de formules et un mince recueil d'anecdotes passe-partout !...

Et puis, il faut compter avec ceux qui, n'ayant pas envie d'inventer sans cesse de nouvelles boutades et s'ennuyant eux-mêmes à redire les anciennes, préfèrent aborder des sujets inattendus. Ainsi un jour me réjouissai-je de rencontrer chez Olivier d'Ormesson le célèbre romancier Louis Bromfield. J'avais lu tous ses livres et j'avais même noté les questions que je voulais lui poser. Il arriva à l'heure dite pour le déjeuner, botté comme dans sa pampa. Il expliqua que la véritable raison de son voyage en France était un congrès d'ingénieurs agronomes. A la suite de quoi, pendant trois heures, il ne parla que de ses fermes, de ses serres et surtout de ses espaliers, car il avait fait de la production de la pêche une véritable passion. De littérature, il ne fut pas question une minute.

Une autre fois, chez Jean Prouvost, j'essayai de faire parler le grand-duc Jean de Luxembourg sur le délicat équilibre des très petits Etats. Peine perdue. Ce jour-là, le grand-duc était obsédé par les chaussures. Il me raconta qu'ancien officier de l'armée française il avait appris très jeune et gardé ensuite l'habitude de cirer lui-même — après avoir craché légèrement dessus — ses bottes chaque matin. Il évoquait avec tant de chaleur ce que d'autres persistent à considérer comme une corvée, que je m'extasiai poliment sur les reflets de ses escarpins. Mis en confiance, il m'expliqua alors qu'il ne jugeait pas les gens sur leur mine mais sur leurs chaussures. Toutes les variétés y passèrent. Son diagnostic se fondait à la fois sur la forme et la qualité, mais aussi sur la vétusté, l'entretien et la façon dont les lacets étaient noués. Sur le moment, cela me fit sourire. Mais aujourd'hui, lorsque je reçois un inconnu dans mon bureau, je m'arrange toujours à un moment ou à un autre pour lorgner ses pieds.

Rien ne ligote plus la langue d'un homme de radio ou la plume d'un chroniqueur que ses scrupules nés d'une sympathie plus ou moins irrésistible et plus ou moins désintéressée. Aussi, et sans me faire plus méchant que je ne le suis réellement, en suis-je arrivé à considérer qu'une interview (radiophonique ou télévisée) n'était totalement réussie que lorsque la personne interviewée se fâchait définitivement (c'est-à-dire jusqu'au prochain entretien) avec l'interviewer. Hélas ! je dois être un bien mauvais journaliste : mes « clients » me disent presque tous très gentiment au revoir avant de partir. J'ai pourtant fait souvent tout ce que je pouvais. Mais c'est dur de se brouiller à Paris avec les gens d'un certain milieu. Pour se fâcher, il faut au moins être deux...

Il existe également de bonnes surprises. On tombe sur des personnages dont on ne soupçonnait pas les possibilités et qui « éclatent » littéralement à l'antenne. Les accents — provinciaux ou étrangers — sont d'autant plus payants qu'ils travaillent dans la rocaille. Un vocabulaire viril, à la limite de l'ordurier, peut créer une illusion de caractère. Quelques citations littéraires placées à bon escient ne font pas mal non plus. Le don de répartie n'est pas donné à tout le monde, mais on le déniche parfois sur des terrains qui ne semblaient pas très fertiles. Je me souviens ainsi d'avoir essayé d'embarrasser Salvatore Adamo en lui demandant :

« Vous rentrez le soir dans votre chambre et vous trouvez sur votre lit une fille entièrement nue que vous ne connaissez pas ? Que faites-vous ? »

Adamo ne réfléchit pas plus de trois secondes :

« Si la demoiselle est entièrement nue, je pousse le chauffage. »

Divaguer et raconter n'importe quoi constitue d'excellentes recettes. Si l'interviewé est assez fort pour se maintenir au milieu de ses idées fixes, de ses obsessions favorites dans un petit monde bien à lui, où l'interviewer ne peut pas pénétrer, il est assuré d'être le plus fort. Un jour où j'allais enfin coincer Salvador Dali en le faisant s'engluer dans cette comparaison saugrenue qu'il affectionne : « Jésus est une montagne de camembert », il m'interrompit :

« Je voudrais lancer un appel au concierge de l'hôtel Meurisse qui m'écoute actuellement. »

J'opinai avec politesse. « Si le Bon Dieu, Napoléon ou Louis XVI me demandaient, ils n'ont qu'à me rejoindre ici, rue Bayard. »

La salle s'esclaffa. J'avais perdu le fil de mes idées. Nous changeâmes de sujet.

Fort de cette expérience, la fois suivante je demandai à Salvador Dali à le voir avant l'émission — ce qui n'est pas du tout dans mes habitudes — afin de préparer davantage notre entretien. Rendez-vous fut pris à son hôtel. Je l'attendis pendant une heure dans un salon rempli de guépards et de travestis. Il arriva enfin, très excité :

« J'ai beaucoup réfléchi à notre histoire. Voilà ce qu'on va faire : vous me dites n'importe quoi et je vous réponds autre chose. »

Je ne pus rien lui tirer de plus et l'émission que je fis avec lui trois heures plus tard me prouva qu'il était fidèle à ce beau programme.

Je suis très rarement tombé sur des « becs ». Sur quelque vingt mille interlocuteurs, je n'en ai guère trouvé que deux ou trois absolument inadéquats ou allergiques à la confidence. Guy Béart, qui esquive pâteusement n'importe quelle question, même la plus anodine ; Danièle Darrieux, qui ne répond que par des sourires et ne consent jamais à dire un seul mot sur elle-même, sur son passé ou sur sa vie actuelle. Il y avait aussi Jacques Dutronc qui, voici quelques années, se cantonnait dans les borborygmes ou les onomatopées. Aujourd'hui, il est plus disert et plus détendu : lorsqu'il vient au « Non Stop », il rote et il pète devant le micro, tandis que son secrétaire-bouffon installe sur la scène du « grand studio » une tinette à roulettes qui ne le quitte jamais.

XXI

SUR NOTRE SOCIÉTÉ...

Qui a dit que les absents avaient toujours tort ? Chez nous, on ne dit du bien des gens, on n'en écrit sur eux que lorsqu'ils ont disparu.

Toutes les femmes sont vénales, sauf quelques prostituées.

Il est moins facile d'avoir une fille des rues pour rien que de faire accepter de l'argent à une femme du monde.

En société capitaliste, seuls ceux qui n'ont rien à perdre peuvent gagner.

Il était bon, de la bonté des égoïstes qui, par confort intellectuel, préfèrent voir tout le monde heureux autour d'eux.

On appelle « cadres » les gens dont la peau se tend après les repas.

Pourquoi l'économie ne passe-t-elle pour une vertu que lorsqu'elle est pratiquée par des gens qui n'ont pas d'argent ?

Dans certains cas, l'amabilité confine à la mauvaise foi.

Le cynisme finit par être le comble de la franchise dans une société d'hypocrites.

Les domestiques ne simplifient plus la vie. Ils la compliquent différemment.

La plus grande trouvaille de Napoléon n'est ni la rédaction du Code qui porte son nom, ni la réorganisation de la Comédie-Française depuis Moscou, ni la création du Conseil d'Etat : c'est l'institution de la Légion d'honneur, seul moyen qu'a le Pouvoir de donner des galons aux civils en les maintenant à sa botte.

Est-ce qu'il ne faut pas finalement plus de vertu pour vivre sous certaines contraintes que pour les fuir ou les rejeter ?

La propriété terrienne : tout ce qui reste du succès après la triple érosion du fisc, des dévaluations et des dépenses idiotes.

Quand une femme du monde a les yeux vides, c'est que son regard est tourné vers l'intérieur.

Nous vivons dans un monde où l'échec des autres devient plus important que notre propre réussite.

Quand on est connu, aujourd'hui, le simple fait de se promener en public sans lunettes noires constitue presque un attentat à la pudeur.

L'amabilité est la gentillesse des gens qui n'ont pas de cœur.

SUR LA RELIGION...

Et si la foi n'était qu'une forme très particulière de l'aliénation mentale ?

Si l'homme ne pouvait pas aussi facilement supprimer la vie de son semblable, sans doute croirais-je davantage en Dieu.

Dieu n'est jamais que le premier des patrons et la foi le sens de la hiérarchie poussée à son paroxysme.

Les enquêteurs des instituts spécialisés sont formels : trois Français sur quatre croient en Dieu. Il ont toutefois oublié de poser la question subsidiaire : combien de Français croient-ils aux sondages ?

SUR LES AFFAIRES...

L'honnêteté est aussi une idée préconçue.

Il y a peu d'infirmités qu'on ne soigne aujourd'hui : ce grand industriel était sourd, mais il avait une telle fortune et un tel pouvoir que presque tout le monde forçait la voix naturellement pour mieux se faire entendre.

L'argent est un raccourci de la réussite et les raccourcis — c'est connu — éliminent tous les détails embarrassants.

L'honnêteté dans l'immobilier constitue le seul moyen de pouvoir escroquer plusieurs fois la même personne.

L'honnêteté dans les affaires, c'est de posséder à son compte en banque l'argent qu'on refuse à ses créanciers.

La publicité est à la consommation ce que l'érotisme est à l'amour. Le plaisir ne suit pas toujours...

Les dettes : cette fortune négative.

SUR LA LITTÉRATURE...

Les mémoires ne constituent pas la solution de facilité : avant de les écrire, il faut les vivre.

Depuis mai 1968, les écrivains s'accrochent plus à une mère femme de ménage qu'un duc à un ancêtre Pair de France.

Tous les êtres humains pensent. Seuls les intellectuels s'en vantent...

Je crois que l'intelligence n'est qu'un perpétuel dialogue intérieur, une incessante prise de position d'une partie de l'individu sur les événements, les opinions ou les concepts fournis par l'autre partie ; bref, une pensée à deux — et dans le meilleur des cas — à trois dimensions. Les imbéciles, eux, se contentent du monologue.

Le nombre de livres qui paraissent chaque matin laisse rêveur, surtout dans un pays où les librairies ont si peu de clients. Au fait, et si les Français ne lisaient plus parce qu'ils sont trop occupés à écrire ?

SUR LE JOURNALISME...

On ne peut faire du journalisme vraiment indépendant que si l'on a su susciter de nombreuses inimitiés et si l'on est parvenu à s'entourer d'ennemis : seuls les amis vous demandent des services.

Les journalistes de la presse écrite ne connaissent dans le meilleur ou dans le plus mauvais des cas que des demi-succès ou des demi-échecs. Il n'existe pas de véritable sanction personnelle : chacun se trouve noyé au sein d'un produit global. Ainsi un journaliste que personne ne lit peut-il écrire impunément pendant un demi-siècle. Triste performance qui serait impossible à la radio ou à la télévision.

Faire comprendre des choses complexes à des gens simples frise souvent l'abus de confiance.

Se payer la tête des imbéciles est le seul luxe qui n'exige pas de fortune personnelle.

Méfiez-vous des gens qui n'ont pas le droit d'être un peu méchant dans leur vie professionnelle ; ils ont des réserves de bile à écouler dans leur vie privée.

SUR L'AMOUR...

L'amour est une activité trop importante pour la confier aux seuls Dons Juans.

En amour c'est comme à l'armée : quand on vous rétrograde, il faut changer de corps.

Pauvre femme !... On l'a tellement attaquée qu'elle a fini par se défendre...

Chaque fois qu'un homme devient homosexuel, cela fait un minimum de deux mâles perdus pour les femmes.

On dit qu'un père est putatif quand la mère n'est pas sérieuse.

Le premier commandement de la femme adultère-catholique : tu aimeras ton prochain comme le précédent.

En matière d'amour physique, les textiles gênent plus aujourd'hui que les principes.

Elle avait un décolleté tellement plongeant que son cabriolet avait l'air d'une voiture amphibie.

Si les hommes n'avaient pas la manie d'épouser des femmes beaucoup plus jeunes qu'eux, il y aurait moins de veuves...

On devrait essayer les femmes comme les chaussures. Si cela va, on les garde. Si elles vous cassent les pieds, on les rend le lendemain matin.

Nous sommes tous des princes consorts.

SUR TOUT...

La modestie est l'art de faire dire par d'autres tout le bien que l'on pense de soi-même.

Ne trouvez-vous pas extraordinaire que des gens qui attendent patiemment deux heures devant un cinéma ne supportent pas une « longueur » d'une minute une fois qu'ils sont à l'intérieur ?

Le comble de la suffisance intellectuelle est de croire qu'on peut apprendre quelque chose en s'écoutant monologuer.

La rancune : cette érudition de la colère.

« Il est fort et brave.

— Ce sont des qualités pour un militaire. Pas pour un civil... »

La femme de l'homme heureux n'a pas de chemises (à repasser).

L'égoïsme est un luxe qui se paie toujours à crédit.

La télévision tue neuf orateurs sur dix, mais en suscite un onzième.

SUR VOTRE SERVITEUR...

J'apprécie que les gens dont j'estime le goût aiment ce que je fais ; mais, lorsqu'ils me le disent, je n'ai déjà plus la même confiance en leur goût...

Je me garde aussi bien de la modestie que de la fatuité : ce sont les deux façons extrêmes d'abuser ses contemporains.

Le poker permet de tout oublier, y compris qu'on n'a pas les moyens d'y jouer.

Je m'amuse peu en privé, sans doute parce que personnellement il y a des années que je plaisante au-dessus de mes moyens.

Beaumont-en-Auge septembre 1972
New York mars 1973

INDEX
DES NOMS CITÉS

A

B

C

D

E

F

G

H

J

K

L

M

N

O

P

R

S

T

U

V

W

IMPRIMÉ EN FRANCE PAR BRODARD ET TAUPIN
7, bd Romain-Rolland - Montrouge - Usine de La Flèche.
LE LIVRE DE POCHE - 22, avenue Pierre 1er de Serbie - Paris.

ISBN : 2 - 253 - 00057 - 4

30/3869/2